Ai soldati di ogni nazione,
che nel corso di operazioni
di "peace-keeping"
hanno sacrificato la vita
a difesa della pace.

Giuseppe Tanzi

KOSOVO: DIARIO DI UNA MISSIONE

Edizioni Rivista Aeronautica
Viale dell'Università, 4 - 00185 Roma

Il testo è stato revisionato e ottimizzato da Rosanna Mureddu

PREFAZIONE

Nell'ultimo decennio gli interventi delle Forze Armate italiane chiamate a svolgere missioni di "peace keeping" in zone calde del mondo si sono moltiplicati. I nostri militari, ovunque siano stati inviati, hanno riscosso unanime apprezzamento per le naturali doti di grande comunicativa e spiccata capacità diplomatica, con le quali sono sempre riusciti a ottenere e mantenere un delicato equilibrio tra le tensioni, sovente molto forti, esistenti tra le fazioni in lotta in terre lontane e martoriate. Queste doti, in "Kosovo: diario di una missione", rimangono sullo sfondo del racconto e fanno da contraltare ai sentimenti ed alle sensazioni personali che un nostro militare, un maresciallo del Corpo di Sanità Aeronautica, prova nello svolgimento della missione a lui assegnata.

Dalla lettura traspare che Giuseppe Tanzi è laureato in sociologia (presso l'Università "La Sapienza" di Roma). Il suo racconto, pur con momenti di crudezza e di realismo ai limiti della sopportabilità, è sempre intriso di una profonda umanità e di un traboccante senso della pietà per un popolo, quello del Kosovo, che ha dovuto sopportare secoli di vessazioni e di sopraffazioni e che si è sempre dovuto risollevare con le proprie forze.

La formula del "diario", lungi dall'essere di appesantimento al racconto, lo rende avvincente nella sua scarna essenzialità e fa in modo che il lettore stesso compartecipi con l'autore allo svolgersi degli eventi che procedono a scatti, come in tutte le vicende umane vere, non costruite dalla fervida fantasia dello scrittore professionista. Ora gli avvenimenti incalzano in un modo soverchiante e quasi impossibile da controllare, ora lunghi periodi di calma rendono perfino noiosa la permanenza in un luogo lontano ed alieno, non tanto in termini di distanza chilometrica, quanto in termini di cultura, vita sociale, usi, costumi e tradizioni, sovrastato dall'immane tragedia della guerra col suo fardello di miserie e di grandezze.

Tanzi è acuto ed attento testimone del mutamento sociale che si registra in Kosovo, della stanchezza che il popolo nutre nei confronti della guerra, del desiderio di pace della gente, di riscatto delle giovani generazioni e del grande impegno, talvolta sovrumano, di cui sono capaci i nostri militari all'estero. Forse non si spenderanno mai abbastanza parole per descrivere la capacità e lo spirito di servizio che un pugno di nostri uomini in uniforme dimostra costantemente quando è posto di fronte a responsabilità eccezionali. L'Italia dovrebbe essere fiera di ciò che fanno questi ragazzi e dovrebbe parlarne di più e meglio.

Tanzi è anche capace come pochi di mettere a nudo il proprio coinvolgimento emotivo e la grande passione con cui si è impegnato nel gravoso lavoro da svolgere. La fatica e la tensione sono palpabili nel racconto delle cure febbrili prestate al bambino ferito da un proiettile. Il dolore e lo sconforto sono coinvolgenti quando, purtroppo, tali cure si son dovute arrendere di fronte all'eccessiva gravità delle ferite.

Le difficoltà di vita e di ambientamento, ma anche gli sforzi per adattarsi ad una situazione oggettivamente innaturale, vengono descritti con profondità e crudezza. Memorabile la naturalezza delle pagine sul regresso a pratiche sessuali adolescenziali di tipo onanistico.

"Kosovo: diario di una missione" si legge tutto d'un fiato ed è una chiave di lettura necessaria per chiunque voglia approfondire le ragioni e le necessità di avere Forze Armate efficienti, capaci e motivate. Occorre spendere qualche parola di più su quest'ultimo concetto: la motivazione dei militari. Si tratta di qualcosa che non ha niente a che vedere col trattamento economico o con presumibili vantaggi derivanti da uno status che, soprattutto nella società italiana, non è considerato tra i più distinti. La motivazione attiene alla sfera dei sentimenti e, come tale, poggia su basi non del tutto razionali.

Per affrontare i sacrifici che la vita militare impone a chiunque desideri affrontarla come scelta professionale, bisogna essere intimamente convinti della necessità di dare alla propria Patria qualcosa di più che un semplice "giuramento" che si potrebbe limitare ad una formula altisonante ma vuota di significato intrinseco. Il militare sa che, all'occorrenza, la sicurezza della nazione dipende dalla sua disponibilità ad assumersi dei rischi, rischi gravi, anche rischi che comportano il pericolo per la vita stessa. Si può obiettare che l'addestramento è tale da minimizzare i rischi, ma questi restano in quanto tali.

Allora cos'è che spinge un giovane a dedicare la propria vita ad una professione del genere? Qui interviene il lato irrazionale della motivazione per il "servizio" militare: confidare nel fatto che l'intera società dipende dalla disponibilità del militare a difenderla, assicurarne il sereno e tranquillo svolgersi della vita giornaliera, vigilare sulla sua sicurezza. Per questo il militare, forse in modo ancora più irrazionale, si aspetta che la società lo apprezzi e lo consideri quanto meno una parte essenziale della società stessa.

Certo, nell'attività giornaliera dei militari di un paese in pace col mondo intero da oltre cinquant'anni, non vi sono motivi di particolare soddisfazione, né ragioni che esaltino la motivazione originale. Da ciò nasce spesso quel senso di disaffezione che porta molti soldati di professione ad abbandonare anzitempo la carriera militare. Ma quando il militare viene impiegato "sul campo", allora le ragioni della sua scelta di vita tornano prepotentemente a galla ed egli affronta, con sano realismo, ma anche con grande entusiasmo, tutte le difficotà che tale scelta gli presenta perché sente che quella è la sua vita.

Con questa chiave di lettura, "Kosovo: diario di una missione" offre uno spaccato di vera vita militare, senza fronzoli o abbellimenti, che permette al lettore di immergersi come se ne fosse egli stesso il protagonista, nella realtà di tutti i giorni dell'attività svolta in uniforme al servizio del Paese.

Antonio Daniele

INTRODUZIONE

Kosovo, diario di una missione è il terzo titolo delle Edizioni Rivista Aeronautica e si allontana decisamente da quelli pubblicati sinora, non solo perché l'autore, sebbene anche lui in servizio in Aeronautica Militare, ha un'estrazione professionale completamente diversa da chi lo ha preceduto ma anche perché il teatro in cui si dipana il racconto è lontano dalle ampie dimensioni del cielo e si colloca invece nell'angusto spazio terreno, pur mantenedo un'identità prettamente aeronautica.

Ma ciò che caratterizza di più questo lavoro di Giuseppe Tanzi è che quanto vi è raccontato è nient'altro che la descrizione scarna, cruda ed assolutamente sincera di un'esperienza vera in territorio di crisi, senza filtri, sconti personali o autocompiacimenti.

Ne è venuto fuori un lavoro che il lettore troverà a volte spigoloso, scabroso senz'altro criticabile, ma che non abbiamo voluto in alcun modo edulcorare né rendere sotto una forma stilistica più ricca e fluente per non dissolvere con un'operazione di "ripulitura" la forza di queste righe. In proposito il lavoro operato in redazione sul testo è paragonabile — solo a titolo di esempio — a quello di un attento restauro.

Siamo in presenza di un racconto-verità semplice ma rivelatore della difficoltà e della delicatezza del compito dei militari italiani impegnati nelle operazioni di peace-keeping che ha incontrato per caso la strada della pubblicazione e per questo è ancora più vero, se possibile. *Kosovo, diario di una missione*, infatti, è una parte della tesi di laurea in sociologia dell'autore e la sua destinazione primaria è stata quella di sostenere alcuni temi che il Tanzi espone nel corpo della sua argomentazione scientifica, ma questa caratteristica, lontano dall'essere un limite, conferisce al *Diario* il valore di un'auto-analisi coraggiosa e severa.

Alessandro Cornacchini

Kosovo: diario di una missione (4 agosto 1999-12 ottobre 1999)

4 agosto 1999

Sono sveglio già da un po'; come al solito qui a San Lorenzo già dal mattino presto il traffico è caotico e da fuori mi arrivano i clacson delle auto, anche perché la mia finestra affaccia su una delle strade più trafficate ed è bastato il primo rumore per farmi aprire gli occhi. Per molti di loro, sicuramente, questa è una giornata come le altre, per me ha un sapore d'incredibile emozione.

Penso e ripenso ai miei zaini, se dentro ho messo tutto l'occorrente; come succede in molte occasioni alla fine ti manca sempre qualcosa, ma te ne accorgi quando ormai è troppo tardi e devi quindi rimediare sul posto di destinazione. Ma dove sono diretto, ciò che ho dimenticato, difficilmente potrò trovarlo. Penso anche a ieri, alle lacrime di mia madre e al viso granitico di mio padre, che non ha lasciato trasparire nessuna emozione. Sembrano rispecchiare perfettamente i ruoli ricoperti all'interno di una famiglia tradizionale, le lacrime della donna e l'impassibilità dell'uomo, che nasconde ciò che ha dentro mentre una madre rischia invece di versare lacrime anche soltanto per-

ché il figlio parte per andare a lavorare in un'altra città. Queste lacrime io già le conosco, le stesse versate per mio fratello, carabiniere del Battaglione "Tuscania" partito per il Libano. Lacrime e impassibilità, che derivano anche dai ricordi della loro infanzia, da occhi che hanno visto la crudeltà della seconda guerra mondiale e sofferto le successive conseguenze. Mi torna in mente di aver letto un opuscolo sul dolore, nel quale si evidenzia che la perdita di un figlio sia come un limite oltre il quale si può arrivare ad un punto di non ritorno, perché è un evento che va contro natura. Io non ho figli, ma ho percepito la loro preoccupazione; potrò mai ripagarli per questa sofferenza?

In questo momento, dentro di me sento un misto di tutto: eccitazione, agitazione, paura, uno stato che è difficile da descrivere. Ho sempre desiderato partecipare ad una missione fuori area ma non pensavo che mi sarei sentito così strano, provo sensazioni che non ho mai percepito prima. Sono le 08.00, esco di casa per andare al lavoro, indosso la mimetica e sento gli sguardi della gente su di me; anche se il tragitto è breve, mi accompagna Giuseppe con la macchina perché ho gli zaini che pesano non poco. La prima tappa è il barbiere e mi rado a zero: ho sempre desiderato farlo ma non ne ho mai avuto il coraggio; questa volta non c'è stata nessuna esitazione. Mi guardo allo specchio e continuo a sentirmi sempre più strano.

Successivamente passo a salutare i miei colleghi e il Direttore, ricevo una grande quantità di pacche sulle spalle e di "in bocca lupo"; sono sicuro che molti di loro vorrebbero essere al mio posto, altri certamente no. Verso le 10.00 arriva Mauro, il mio collega del servizio sanitario con cui ho preparato la missione. Suo fratello ci accompagna, dopo una tappa intermedia all'aeroporto di Centocelle, a Fiumicino, e anche qui sento gli sguardi della gente addosso, non credo sia usuale vedere militari in mimetica girare per l'aeroporto; gli stessi poliziotti al controllo ci domandano dove andiamo, e alla nostra risposta anche loro ci dicono "in bocca al lupo".

Con un volo di linea arriviamo a Villafranca, sede dell'accentramento materiali, mezzi e uomini. Incontriamo Marco, uno dei due medici del nostro staff, e ci sistemiamo per la notte all'interno dell'infermeria. Finalmente posso togliermi gli anfibi, che con questo caldo mi fanno bollire i piedi. Fatta una doccia ci mettiamo in libertà. La sera ceniamo in paese assaporando a fondo il cibo, perché siamo consapevoli che per i prossimi giorni tale goduria sarà un'utopia. Tornati in aeroporto faccio una telefonata a Delizia per raccontarle ciò che sto provando e per darle un ultimo saluto. Mi mancherà, è un'amica veramente speciale.

5 agosto 1999

La notte di Villafranca è calma, afosa; le ore sembrano non passare mai, non riesco a prendere sonno e dò la colpa alle zanzare che mi ronzano intorno. Alle prime luci del giorno siamo già in piedi, una doccia veloce, qualche battuta con Marco e Mauro e via al punto di ritrovo. Il grande giorno è arrivato, ci raggiunge Michele, il capo dello staff medico; insieme andiamo in armeria per prelevare l'occorrente alla difesa personale. L'aeroporto è un continuo muoversi di uomini e di mezzi, cerchiamo di presentarci agli altri, ma siamo tanti, circa 240, e ognuno, come noi d'altronde, sta insieme ai colleghi di categoria.

Sono circa le 11.00 quando ci imbarchiamo su un Boeing 707 e un C-130 dell'Aeronautica Militare, destinazione Salonicco. Sono sistemato vicino a due ragazzi della vigilanza che hanno poco più di vent'anni e parlano delle ragazze e delle mamme lasciate in lacrime: come non considerarle le "Penelopi" di questo fine millennio! Ancora una volta non riesco a descrivere le mie emozioni, sono così forti che raccontarle è veramente difficile. L'aereo parte con circa un'ora di ritardo, ma nessuno sembra farci caso, nel complesso il clima dentro l'aereo è molto rilassato, si scherza e si fanno battute.

Circa due ore dopo siamo a Salonicco. Come da programma io resto sulla pista in attesa del C-130; infatti, dentro ci sono i farmaci necessari per la missione e devono essere siste-

mati in un carro frigo dell'Esercito, che nel frattempo è giunto in aeroporto proveniente dalla Macedonia. Aspetto per circa un'ora insieme ai due autisti, il caldo è infernale e ho una sete da cammello, cerchiamo un posto dove prendere una bottiglia d'acqua, ma è tutto inutile; i piedi ancora una volta sono in fiamme e per giunta gli anfibi cominciano a farmi male.

La vista dell'aereo è un sollievo, almeno possiamo toglierci da questo asfalto rovente. Scortati dalla polizia greca, perché i pacifisti locali sono in agitazione, veniamo accompagnati al porto della città e sistemati in un enorme capannone che prima di noi ospitava del pollame. Dentro ci sono migliaia di letti a castello, dividiamo lo stesso ricovero con altre forze armate straniere: francesi, portoghesi e inglesi. Finalmente riesco a bere.

Fuori del capannone ci sono i bagni e quattro container docce. Siccome non possiamo uscire, però ci è consentito metterci in libertà, mi appresto a fare una doccia, ed è qui che i miei occhi si illuminano per aver visto delle donne nude, non riesco a crederci, sono anche bone, che dire viva le missioni, se questo è l'inizio figuriamoci la fine. Ripreso dallo stupore cambio container convinto di aver sbagliato, ma non è così, anche nel successivo c'è lo stesso spettacolo, se non fosse stato per un collega avrei fatto il bagno a mare. Le donne sono militari inglesi, che senza nessuna forma di pudore e con tutta tranquillità si lavano insieme a noi uomini. La sera, ovviamente, tutti i nostri discorsi vertono sull'evento docce e sulle future donne italiane in divisa, che mai avrebbero fatto una cosa simile. Veniamo anche informati che dobbiamo rimanere in questo posto per due giorni, visto che la nave che trasporta i nostri mezzi ed il mate-

riale, partita da Venezia il 1° agosto, è in ritardo. Poco male, ci godiamo il riposo e facciamo conoscenza con altri colleghi.

Come prevedibile in queste circostanze gli ordini cambiano in continuazione, infatti il carro frigo con i medicinali partirà durante la notte accodato a una colonna dell'Esercito e uno di noi deve andare; la scelta ricade su Mauro, viste anche le condizioni dei miei piedi. Ci salutiamo dandoci un abbraccio e un arrivederci non sapendo bene però, dove e quando. Il programma preparato in Italia prevede che i farmaci debbano arrivare a Pec, dove è presente una nostra avanguardia.

Dopo aver salutato Mauro mi appresto a fare la fila per mangiare, ma l'uomo che versa il cibo nel mio vassoio poco prima era a pulire i bagni e, passando vicino il secchio ne verso l'intero contenuto dentro, tengo soltanto l'acqua. Proprio vicino al capannone, alcuni greci hanno piazzato un chiosco che vende panini e birre. Mangio uno di quelli, ma sinceramente non ho fame. Dall'altra parte del porto, le luci di Salonicco brillano nella notte, peccato non poterci andare. E' notte fonda quando mi sdraio sul letto ed è mattino presto quando ne discendo.

6 agosto 1999

Fatta un'altra doccia, questa volta senza stupore, anzi, come se fosse normale anche per me incontrare donne nude, preparo un caffè con la moka che ci siamo portati dietro e fumo l'ennesima sigaretta. Dopo un po' è chiamata l'adunata generale del nostro contingente, nel corso della quale vengono effettuate le presentazioni tra i vari capi sezione e gli uomini ai loro comandi. Per il resto è una giornata di riposo fino al pomeriggio, poi, finalmente, l'adunata tanto attesa, in cui veniamo informati che è arrivato l'ordine della nostra partenza e da quel momento iniziano i preparativi. Ancora una volta preferisco mangiare panini sia a pranzo sia a cena. Durante la giornata spesso ho pensato a Mauro, in parte lo invidio e lo ammiro, chissà dov'è in questo momento? Forse è già in Kosovo, o sta per arrivarci. Finalmente riesco a risolvere anche il problema dei piedi. Infatti, un collega, evidentemente più previdente di me, ha due paia di anfibi e me ne cede uno, notevolmente più comodo del mio: mi sembra di rinascere! Dal solito chiosco acquisto anche una scheda telefonica per l'Italia del valore di 10.000 lire; così, consapevole del fatto che non potrò usarla più, telefono a mia madre, ai miei amici e a colei che mai pensavo mi sarebbe mancata così tanto; forse dipende dal momento che sto vivendo, dalle intense emozioni che provo, però non nego il desiderio di poterla abbracciare ancora una volta, ma visto che non è possibile, affido un bacio al vento, che lo porti fino a lei.

7 agosto 1999

Alle ore 03.30 circa partiamo alla volta della Macedonia, sede della nostra successiva tappa, dove è presente, in località Katlanovo, un piccolo distaccamento dell'Esercito. La nostra colonna è lunghissima, le operazioni di allineamento sono un po' convulse, il mio posto è nell'autoambulanza insieme a Marco e all'autista. Un amico ci chiede di poter usufruire della barella posteriore per continuare a dormire durante il viaggio – come dirgli di no – beato lui.

Siamo ancora una volta scortati dalla polizia greca fino al confine con la Macedonia. Il viaggio è lunghissimo, l'andatura molto lenta, la strada è percorsa da numerose colonne militari che vanno in un senso e nell'altro. In territorio macedone troviamo un camion tedesco capovolto sull'asfalto che stanno cercando di rimettere in sesto, forse è stato un colpo di sonno, più avanti troviamo la colonna cui apparteneva ferma, in attesa, anche questa lunghissima. Intorno alle 14.00 arriviamo a destinazione, anche qui la sistemazione logistica non è delle migliori, soprattutto per quanto riguarda vitto e alloggio, ma nessuno di noi sembra farci caso, i nostri pensieri sono proiettati al momento tanto atteso ed emozionante dell'entrata in Kosovo. In compenso è presente un piccolo bar all'interno campo, con dei tavolini all'aperto, dove è possibile sostare e rinfrescarsi, vista la temperatura elevata.

Veniamo informati che il carro frigo con i medicinali si

trova in una località chiamata Petrova, dove ci sono le retrovie dei contingenti. Nel pomeriggio raggiungiamo il posto limitrofo alla capitale macedone, ed è un vero piacere rivedere Mauro e sapere che da questo momento anche lui sarà accodato alla nostra colonna. Infatti, per motivi di sicurezza, non è entrato in Kosovo come previsto. In questo momento sto pensando alla notte che sta per arrivare: come le precedenti sarà lunghissima. Non so se esiste l'abitudine a non dormire, certo non posso affermare che negli ultimi giorni questa pratica è stata da me molto frequentata.

8 agosto 1999

Alle ore 07.45, dopo che il nostro convoglio è stato suddiviso in tre sezioni perché troppo lungo, partiamo alla volta di Dakovica, la nostra destinazione finale. Noi facciamo parte della seconda sezione e partiamo con circa venti minuti di differenza dalla prima. Un'ora dopo la nostra partenza, sentiamo per radio un avviso della prima sezione del convoglio: "Siamo entrati in Kosovo": sento i brividi pervadere tutto il mio corpo, di lì a poco toccherà anche a noi. Infatti, dopo un po' arriviamo al confine, è un pullulare di civili e militari, il nostro convoglio però ha la precedenza nel transito. Sento il cuore accelerare i battiti, dopo circa tre giorni ci siamo; l'avventura, se così si può chiamare, è iniziata. Nessuno di noi dice una parola, nel nostro io viviamo questo momento con scrupoloso silenzio, forse cercando di confrontarlo con quanto immaginato nei giorni precedenti.

Il viaggio dura circa undici ore, tante se si pensa che la distanza tra le due località è solo di 230 km, ma bisogna considerare a questo proposito che le strade in alcuni punti, soprattutto nella capitale Pristina, sono completamente intasate da convogli militari di ogni nazionalità, e inoltre che i ponti, completamente distrutti dai bombardamenti NATO, devono essere baipassati su strade sterrate e di fortuna.

Pristina, vedendola dal vivo, ha un aspetto completamente diverso dalle immagini della tv, la cosa che mi colpisce è la presenza di parabole sui balconi, ce ne sono un'infinità e, se devo dire la verità, anche i segni della guerra non sono poi così evidenti. Lo sono invece nel tratto successivo fino a Pec, sede della Brigata "Garibaldi".

Arrivati a Pec il caldo è infernale, abbiamo una sola bottiglia d'acqua, che per quanto è calda sembra piscio. Il convoglio nel frattempo si è riunito in un'unica unità, alcuni colleghi del camion davanti mi danno un pacchetto di salatini e una scatola di carne Simmenthal che divido con Marco e l'autista, un pranzo niente male. Durante il tragitto incontriamo numerose carovane di profughi kosovari che stanno facendo ritorno nelle proprie case dopo la guerra. Al nostro passaggio ci salutano con il segno della vittoria e ci mandano baci. Sono scene viste così tante volte in televisione, da aver perso il loro effetto e provocato una specie di "indifferenza", anche perché dopo pochi minuti si passa ad un'altra notizia, casomai di tipo "rosa" e non si ha quindi il tempo di pensarci. Adesso è diverso, quelle immagini si sono materializzate con tutta la loro crudeltà, sofferenza, ma anche con la voglia di vivere di questa gente e il ritorno a casa è proprio il segno della speranza.

Alle ore 18.00 arriviamo finalmente a Dakovica, mi guardo allo specchietto dell'autoambulanza, sembro una larva, disidratato e pallido, dimostro cinquant'anni. Qui sistemiamo i mezzi all'interno di una caserma sede della Brigata "Sassari", veniamo rifocillati, se così si può dire, visto che il cibo non è dei migliori, e accompagnati nella nostra residenza.

Si tratta di un grande albergo nel centro della cittadina, di fronte al parco; apparentemente è integro, all'interno ci aspetta una nostra avanguardia partita circa un mese prima, proprio con il compito di reperire una struttura idonea alla nostra sistemazione. La cosa che mi colpisce di più è la gente seduta nei bar adiacenti l'albergo e la presenza della stessa nel viale del corso, per niente sbigottita e sorpresa del nostro arrivo.

L'albergo, viste le notevoli dimensioni, permette di alloggiare singolarmente fino al grado di maresciallo di 2ª cl. Non posso crederci, ho una stanza con bagno tutta mia. I più giovani vengono sistemati in stanze con tre-quattro posti letto, ma, nonostante quella che può sembrare una discriminante logistica, non ci sono lamentele. Nell'immaginario collettivo si prospettavano tende, con relativi disagi, quindi tutto ciò che rappresenta un di più in questa situazione, è ben accolto. La mia stanza è al secondo piano, sopra ci sono altri tre piani, ma per precauzione non prendiamo l'ascensore, anche se i nostri zaini lo richiederebbero. I corridoi e le stanze sono ricoperti di moquette; per via della mancanza di lampadine – se ne trova infatti qualcuna ogni tanto – l'ambiente è molto tetro. La stanza ha un piccolo balconcino che dà sul retro dell'albergo, sotto scorre un fiumiciattolo, riesco a vedere alcune case ma non di più, è notte e non c'è molta illuminazione sulle strade, a prima vista il mio ambiente è molto confortevole, bagno blu con vasca e sanitari discreti, armadio a muro abbastanza capiente, letto singolo già preparato, comodino con lampada, sedia con scrivania: non posso certo lamentarmi. Con delle torce facciamo un giro per gli altri piani e con le scale antincendio arriviamo fino al sottoscala, chiuso a sua volta da una porta. La mia prima battaglia in Kosovo inizia al ritorno nella stanza: guardo il soffitto ed è nero, ma non di fumo, bensì di zanzare, e per circa trenta minuti ingaggio una furiosa guerra personale, al termine della quale sono, però, così stanco, privo d'energia anche per i tre giorni precedenti, che non ho neppure la forza per tirare fuori i bagagli e cado lesso sul letto fino all'indomani.

9 agosto 1999

Come si dice, non è tutto oro quello che luccica. Freschi e riposati dopo il lungo viaggio, abbiamo modo di effettuare una valutazione più dettagliata della sistemazione logistica: quella che era sembrata una struttura integra, in realtà non lo è; a parte le stanze, tutto il resto è distrutto e sporco, sangue e feci sono sparsi in tutti i locali, veniamo informati che prima di noi, durante la guerra, in quel luogo avevano alloggiato i serbi.

Ci muoviamo frastornati e disorientati nelle stanze e nei saloni, soprattutto del primo piano, non sappiamo bene cosa fare; per sollevare un po' gli animi tiro fuori la moka e preparo il caffè, ed inizia un vero e proprio assalto alla tazzina; non credo che la guarnizione della moka resisterà ancora per molto a questo ritmo. Nel frattempo inizia una riunione con i capi sezione, dura circa un'ora, durante la quale vengono prese decisioni riguardanti soprattutto la logistica.

Da bravi soldatini ci tiriamo su le maniche, da questo momento in poi l'attività interna alla struttura diviene frenetica, si individuano i locali dove sistemare i vari uffici, l'nfermeria, l'armeria.

Si dà inizio alle pulizie, al ripristino dell'impianto acqua-luce, della cucina, e contemporaneamente si prende possesso anche dell'area in cui sorgerà la pista, situata a circa tre chilometri dall'albergo.

Noi del servizio sanitario decidiamo di collocare l'infer-

meria in uno spazio piuttosto ampio, vicino a una stanza da bagno, dotato di un terrazzo di circa 50 metri quadri. Per dargli una parvenza di privacy, stacchiamo le tende dalle finestre degli altri locali e le usiamo come paraventi. Il tutto è molto arrangiato, ma rispetto alle condizioni generali è un vero e proprio lusso.

Arriva l'ora di pranzo e andiamo a mangiare alla mensa dell'Esercito; come la sera prima, non è molto appetitoso, infatti, per cena decidiamo di non andare, anche perché, prima di partire, Mauro ed io siamo riusciti a sistemare dentro una delle due autoambulanze una discreta quantità di viveri: pasta, salsa di pomodoro, zucchero, caffè, biscotti, fornello da campeggio con ricariche, whisky, e così prepariamo la cena, un buon piatto di pasta al sugo. Lascio immaginare il numero degli invitati! Il nostro terrazzo diventa un vero e proprio centro di ritrovo. Arriva anche la notizia che, da domani, mangeremo le razioni da combattimento.

Ogni tanto si sente sparare, ma ci sentiamo abbastanza tranquilli; l'aria è caldo-umida e una splendida luna rende più chiaro il cielo del Kosovo.

Sono circa le 02.00 quando andiamo a dormire. Intanto nel pomeriggio ho avuto anche il tempo di recarmi nella stanza e di sistemare le mie cose: ancora non riesco a credere a questa sistemazione, mi sembra straordinario, quasi un miracolo, perché non immaginata neanche lontanamente quando ero in Italia, al massimo un sacco a pelo e roba sparsa negli zaini, con la difficoltà nel cercare le cose. Spero di poter telefonare al più presto a casa per tranquillizzare soprattutto mia madre sull'attuale sistemazione. Sono convinto che se riesco a rappresentare bene la situazione, così com'è, dormirà sicuramente di più, come mi appresto a fare io in questo momento.

10 agosto 1999

Noi del servizio sanitario, come del resto tutti gli altri, continuiamo i lavori di ripristino dell'area assegnata. Dobbiamo anche controllare tutto il materiale portato dall'Italia; lo sistemiamo in armadi, per lo più di fortuna, e ora dopo ora l'infermeria comincia ad assumere un aspetto più dignitoso, più degno di questo nome. E' l'ora di pranzo ed è anche l'ora delle razioni "k": sembro un bambino cui hanno donato un giocattolo nuovo. Ogni razione, completamente sottovuoto, al suo interno contiene tre scatole, rispettivamente per la colazione, il pranzo e la cena; in quella della colazione, oltre a latte liofilizzato, caffè in polvere, zucchero, sale, stuzzicadenti e un piccolo spazzolino con dentifricio c'è anche un fornelletto di metallo per riscaldare il cibo con la gavetta della borraccia, reintegratori salini, cioccolata; in quelle del pranzo e della cena ci sono invece confezioni – sempre sottovuoto – per il primo, il secondo piatto e la frutta. Queste razioni vengono consumate in gruppo e si ha come l'impressione di stare in campeggio. Ovviamente il caffè subito dopo è d'obbligo, come l'ennesima sigaretta; al riguardo, per paura di non trovarle e a discapito di altre cose, sicuramente più utili, ne ho portate quattro stecche, che dovrebbero essere sufficienti per quasi tutto il periodo; continuando di questo passo, invece, credo che bastino al massimo per una ventina di giorni.

Nel pomeriggio facciamo il primo viaggio verso la sede

che ospiterà l'aeroporto, dove troviamo molti colleghi che stanno scaricando i camion; il caldo è insopportabile, l'acqua che beviamo è quella che ci siamo portati dall'Italia, non è calda, di più. Cerchiamo di raffreddarla con l'aria condizionata dell'autoambulanza, ma è tutto inutile. Anche Marco ed io diamo una mano a scaricare gli automezzi, i turni di lavoro non durano più di venti minuti perché ti senti squagliare già dopo i primi cinque, ci sentiamo veramente molto uniti e nessuno lesina le proprie energie. Cogliamo anche l'occasione per scattare alcune foto.

Per cena alle razioni aggiungiamo un piatto di pastasciutta. Il numero degli invitati è più alto di quello di ieri, ma non siamo gelosi delle nostre provviste, anzi è un modo per stare insieme. L'aria è così afosa che basta poco per sentire il sudore che inumidisce la pelle. Le moke per il caffè sono sempre sui fornelletti; infatti, in continuazione arrivano colleghi, attirati dal profumo e dal terrazzo, perché è uno dei pochi con queste dimensioni e soprattutto è collocato sul retro dell'albergo, quindi con una discreta invisibilità da parte nostra.

Sono circa le 23.00 quando i ragazzi che sono di guardia nelle postazioni allestite presso l'aeroporto chiamano via radio, perché qualcosa li insospettisce. Scatta l'allarme e partiamo alla volta dell'aeroporto, chiediamo anche l'intervento dell'Esercito che, con due carri Centauro, perlustra la zona. Il tutto si risolve circa due ore dopo e per fortuna con un nulla di fatto: è il primo intervento – almeno per noi – di questo tipo, personalmente pensavo che sarebbero stati di routine.

Torniamo al nostro terrazzo per fare ancora due chiacchiere e, cosa che non trova quasi mai soluzione di continuità, per fumare un'altra sigaretta prima di prendere la via del letto.

La stanza comincia a diventare sempre più familiare e la sento sempre più mia, anche perché è l'unico ambiente in cui posso stare veramente da solo, dove nessuno può vedermi o entrare senza il mio permesso.

11 agosto 1999

Mentre i nostri mezzi cominciano a sbancare la terra per creare la nuova pista, scopriamo che una bomba della NATO ha centrato l'acquedotto e creato una pozza le cui dimensioni sono di circa 5x5x5m: lo chiamiamo il punto freddo. Infatti, esce un'acqua limpidissima e ghiacciata, e la tentazione di berla è molto forte, ma per fortuna anche il nostro raziocinio. La vista di quell'acqua illumina i miei occhi come se avessi trovato una miniera d'oro, ho paura di toccarla per intaccarne la purezza, lentamente lascio scivolare la mano come se volessi accarezzarla e una sensazione di fresco penetra lungo il mio braccio. Quando tiro fuori la mano mi viene spontaneo bagnarmi il viso ed assaggiare alcune gocce di quel nettare, ma so che non posso fare altro.

Dentro le razioni "k" ci sono delle pasticche di steridrolo per un controllo superficiale della potabilità dell'acqua, ed è così che diventiamo tutti piccoli chimici. Infatti, sia dentro l'autoambulanza sia nei container già adibiti, prepariamo dei contenitori appunto per valutarne la potabilità. I risultati sono buoni, ma nessuno ha il coraggio di bere, allora adottiamo la pozza come frigorifero, buttandoci dentro le nostre bottiglie calde. In questo modo riusciamo ad ottenere acqua fresca, che soddisfazione! Basta un niente per far sembrare un deserto un'oasi.

La nostra organizzazione sembra un formicaio, tutti al

lavoro, in continuo movimento. Siamo impegnati su due fronti, quello logistico dell'albergo e quello operativo dell'aeroporto. Abbiamo iniziato anche una distribuzione massiccia di reintegratori salini e di crema solare: molti, infatti, sono rossi come aragoste bollite. A fine giornata è possibile anche individuare chi ha lavorato in aeroporto e chi in albergo: i primi sono sporchi di polvere e rosolati, i secondi sono sudati e bianchi come cadaveri.

Anche la cittadina, con il passare dei giorni, sembra riprendere vita. Il caldo, poi, incentiva la gente ad uscire e sono molte le attività commerciali che riaprono i battenti. Tra i tanti lavori di ripristino, questo giorno sarà ricordato perché la sera, grazie alla parabola, riceviamo notizie dall'Italia. Poi, come al solito, arriva l'ora di cena, il momento più importante della giornata, sia perché le attività – salvo imprevisti – sono ormai al termine, sia perché rappresenta l'occasione per raccontarci quanto è avvenuto. Anche se si arriva stanchi alla fine della giornata, la strada del letto è in ogni modo presa a tarda notte. Sto dormendo poco ma, cosa strana, ancora non sembro risentirne, sono sicuro però che in futuro ci sarà un crollo, quando tutto questo comincerà a sembrarmi familiare, quando l'abitudine sostituirà le emozioni, quando la routine delle giornate si ripeterà costante, quando la mia vita e i miei affetti lasciati in patria faranno sentire con forza la loro mancanza.

12 agosto 1999

L'impegno su due fronti, per noi che dobbiamo assicurare l'assistenza sanitaria, ci porta a dividere le forze: due in aeroporto e due in albergo, alternandoci tra mattina e pomeriggio. Nello spostamento verso l'aeroporto, incontriamo dei bambini che ci salutano con il segno della vittoria, ci danno fiori, uno di loro ha un'infiammazione ad un occhio, tanto che decidiamo di portarlo con noi per medicarlo, nel pomeriggio riceviamo i ringraziamenti del padre.

Sono solo quattro giorni che stiamo qui e la coesione fra gli uomini è già molto forte, infatti quelli liberi da altri impegni non risparmiano le loro energie anche nello svolgere servizi che comportano un lavoro fisico (come scaricare materiale) e, cosa importante, non c'è neppure bisogno di chiamarli, perché si fanno avanti spontaneamente anche per i compiti più gravosi, indipendentemente dal grado e dall'età. Significativo è anche il fatto che gli ufficiali si sono integrati nei gruppi, senza far pesare più di tanto il loro grado.

Anche oggi fa un caldo boia, fortuna che dal momento della nostra entrata in Kosovo si è abbassato il livello di allarme e quindi non siamo costretti ad indossare il giubbetto antiproiettile e l'elmetto, ma dobbiamo portarli solo al seguito; non voglio minimamente pensare a cosa sarebbe stato il mio fisico a fine giornata con quel tipo di equipaggiamento.

13 agosto 1999

La medicazione del bambino ha prodotto un tam-tam presso la popolazione: infatti, oggi troviamo sia davanti l'aeroporto sia davanti l'albergo kosovari che chiedono di vederci per avere assistenza sanitaria, ovviamente mettiamo a disposizione la nostra professionalità, anche se con ovvii problemi di comunicazione. Il comando in ogni modo sta provvedendo ad assumere interpreti per risolvere questa questione, che investe tutti coloro che hanno rapporti con la popolazione.

Alle ore 11.30 circa avviene il primo atterraggio di un elicottero della KFOR, sulla pista preesistente, della lunghezza di circa 500 m e che alla fine del progetto dovrà essere un'appendice di quella che stiamo costruendo; il tutto con piena assistenza da parte nostra per quanto riguarda difesa, antincendio, sanitaria, rifornimento, torre di controllo e meteo.

La sera cerco di telefonare a casa, dal momento che i nostri telefonisti hanno attivato alcune linee con l'Italia. Si può parlare soltanto per qualche minuto, e, oltretutto, è difficilissimo prendere la linea, tanto che, quando ci riesco, avviso mia madre che non posso telefonare più di una volta alla settimana, anche perché se le avessi detto il contrario, avrebbe aspettato tutte le sere la mia chiamata. Inoltre la fila per poterlo fare non conosce soluzione di continuità. Non so cosa abbiano detto le mamme agli altri colleghi, ma credo che una domanda sia stata uguale per tutti: "Come si mangia?" In ogni caso penso d'averla tran-

quillizzata sulla mia sistemazione e sulla condizione ambientale. Avrei voluto telefonare anche a "lei", ma per rispetto dei colleghi, poiché tra provare e riprovare passano circa dieci minuti più il dialogo; ho desistito, ma adesso me ne pento, posso quindi soltanto pensarla e immaginarla sorridente mentre passeggia nel centro storico di Roma godendosi le serate d'estate offerte dalla nostra città. Un abbraccio. Questa notte impiegherò sicuramente più del solito prima di prendere sonno. Prima di addormentarmi penso che siamo qui con un compito ben preciso, quello di portare la pace, e di questo compito vado molto fiero anche se non è comunque esente da sacrificio. E se può sembrare banale persino fare una semplice telefonata, qui in missione non lo è, qui nulla è banale, qui riscopri quanto il tuo mondo sia pieno di luci. Per noi soldati moderni, figli di una società che ha cercato di dimenticare le ombre del passato, l'essere coinvolti in una missione di pace significa anche svolgere al meglio il nostro ruolo, per il quale siamo sicuramente pronti a morire per la patria. Ma saremmo altrettanto pronti ad uccidere per essa? Forse sì, ma speriamo di non doverlo mai fare.

14 agosto 1999

E' ormai da qualche giorno che piccoli gruppi partono alla volta delle città kosovare per svolgere dei servizi. Oggi tocca anche a me, destinazione Pec. Sono circa le 09.00 quando partiamo; la strada è quella percorsa all'andata e che collega Pec a Dakovika. Ho modo di guardare con più attenzione il tessuto urbanistico – in alcuni casi quello che ne rimane – la vegetazione, il panorama, faccio ingordigia di immagini. Arrivati a Pec, la cui periferia è un cimitero di case, andiamo nella sede del Comando di Brigata per fare il pass KFOR, acquistiamo anche delle schede telefoniche Telecom disponibili presso il circolo, nella previsione che verranno installate delle cabine nel nostro Comando. Lasciato il Comando di Brigata, ci dirigiamo verso la sede dove è dislocato l'ospedale da campo dell'Esercito, per prendere accordi in caso di necessità: è un vero spettacolo, tende pneumatiche collegate tra loro, ambienti puliti con aria condizionata, medici con camice e divisa da sala operatoria. Al confronto – anche se non si possono fare paragoni perché abbiamo compiti diversi – mi sento il fratello povero.

Il viaggio di ritorno è di un'allegria insolita, infatti sappiamo che ad attenderci c'è una grossa novità, il primo pasto della nostra mensa, il pranzo è ovviamente una festa. Sono passati dieci giorni dall'ultimo pasto decente. Non so quale sia la sensazione che si prova a rinascere, ma questa è veramente una goduria, ancora non ci credo, sto mangiando!

Nel pomeriggio, vista la dipartita mattutina, monto di servizio in aeroporto. Oltre al caldo, ogni tanto si creano dei mulinelli che tirano su non poca polvere e, se sei così sfortunato da non vederli in tempo, il bagno di polvere è assicurato. La sera, dopo aver cenato, l'infermeria, non più cucina, rimane in ogni modo il posto di ritrovo per caffè, whisky, chiacchiere e partite a carte.

15 agosto 1999

Come le mattine precedenti abbiamo già i civili kosovari che ci aspettano per le visite, oggi sono anche più numerosi del solito e terminiamo per l'ora di pranzo. Mi sento particolarmente stanco, evidentemente le faticate accumulate dal giorno della partenza cominciano a farsi sentire. Continua a fare molto caldo, poi in aeroporto, a causa dei lavori di sbancamento, la polvere ti penetra in tutti gli orifizi, quando ti fai la doccia e vedi scivolare via l'acqua ti fai schifo da solo. Anche questa sera, come le altre, lavo la mia mimetica e la metto ad asciugare. Infatti, tra il sudore e la polvere, ad infilarla nuovamente dopo la doccia non ci riesco proprio. Ancora non è stato attivato il servizio lavanderia, ma da voci che circolano sembra imminente l'istituzione di quest'attività, in ogni caso per quanto riguarda la biancheria intima sono stato molto previdente: ho portato con me circa quaranta paia di mutande e altrettanti calzini, comprati in un mercatino con l'obiettivo di buttarli se non avessi avuto l'occasione – almeno per i primi giorni – di lavarli, e questo è avvenuto regolarmente, la disponibilità di avere la stanza ha reso però adesso inutile questo spreco.

Con il telefono presente nell'infermeria dell'albergo è possibile – quando riesci a prendere la linea – chiamare il Ministero dell'Aeronautica e farti passare una telefonata esterna, ma questo fino alle 22.30, è circa un'ora che ci provo e quando ci riesco sono le 22.00, la mia delusione è grande quando il trillo del telefono continua incessantemente senza che dall'altra parte ci sia alcuna risposta. Questa volta non ho chiamato mia madre, ho telefonato a lei, ma cosa cavolo pretendo che la gente la sera di ferragosto stia chiusa in casa? Sei proprio scemo.

16 agosto 1999

Per le esigenze della nostra organizzazione, vengono assunti dei civili kosovari: due donne addette alla cucina, due uomini addetti alle pulizie e un interprete. Non so quali siano stati i criteri della scelta, ma almeno le donne potevano prenderle un pochino meglio, perché queste fanno veramente cacare, e non lo dico solo io, ma anche i miei colleghi. Ovviamente questo non ha nessuna importanza ai fini dell'impiego, ma viste le donne che circolano nell'Esercito, dove credo che ci sia stata una scelta basata anche su criteri estetici, anche noi potevamo fare la stessa cosa, e poi anche l'occhio vuole la sua parte. Non voglio sembrare l'allupato della situazione, ma diavolo, signori, chi non vorrebbe avere al suo fianco una bella donna come segretaria, nonostante questo provochi gelosie da parte della moglie?

17 agosto 1999

I giorni – come previsto – cominciano a sembrare tutti uguali, tanto che circola la battuta "qui è sempre lunedì", ma questo è normale quando un'organizzazione, abituata a lavorare con grandi disponibilità di mezzi, si trova immersa in una realtà difficile, si evidenziano alcune lacune, tutto sommato anche prevedibili agli inizidi un'operazione fuori area. Queste difficoltà, però, evidenziano una caratteristica positiva, che credo sia propria di noi italiani, abituati a risolvere problemi con l'inventiva e i mezzi a disposizione in quel momento. Dove non arriva l'efficienza organizzativa ci pensa l'uomo qualunque, e nel nostro piccolo ognuno di noi ha una professionalità nascosta, non voluta e dettata da nessuno, che nel momento del bisogno viene fuori. Mi viene in mente la battuta "siamo uomini o caporali" senza nulla togliere ovviamente a questi ultimi.

18 agosto 1999

"Sparviero" è il soprannome di uno dei personaggi più singolari del Distaccamento: pelle scura, baffi imponenti che scendono a coprire il labbro superiore. Il suo abbigliamento è un po' diverso dal nostro, sempre mimetico, ma con l'aggiunta di un cappello all'australiana, guanti di pelle tagliati all'altezza della prima falange, gilet e coltelli vari. La mattina si sveglia prestissimo e il suo primo compito è di arrotolarsi le sigarette necessarie per l'arco della giornata. Ha già partecipato ad altre missioni, soprattutto in Albania, conosce bene il tedesco e per questo gli è stato affidato un compito particolare e di vitale importanza.

Con una squadra di circa venti operai albanesi, assunti dalla Kosovo Elettrica, deve far spostare quindici tralicci di un elettrodotto situato proprio sopra il terreno dove deve nascere la pista. Alcuni di questi tralicci devono essere ricollocati su appezzamenti di terreno agricolo. Il suo compito di convincere i proprietari non è facile; per riuscirci cerca di usare tutti i mezzi di cui dispone.

Mi chiede di accompagnarlo a casa di alcuni contadini. Infatti, già da diversi giorni fa avanti e indietro per accattivarsi la loro simpatia: oggi ricorre all'espediente sanitario. Per una stradina – se così si può chiamare – che passa vicino ad un ruscello, anzi si perde nelle sue acque per riuscirne più a monte, lasciamo la zona di nostra competenza per arrivare al vicino vil-

laggio, composto di una ventina di case. Durante il tragitto mi spiega la situazione e quale deve essere il mio atteggiamento nei confronti dei civili kosovari: disponibile e cordiale. Entrare dentro un'abitazione civile, così diversa da quello che ormai è il mio ambiente, mi fa provare una sensazione di "normalità". Seduti intorno ad un tavolino prendiamo un caffè, come si fa da queste parti, alla turca. Mi viene offerto anche un bicchiere di coca-cola, ma anche se non ne ho particolarmente voglia, soprattutto dopo il caffè, accetto, come raccomandatomi in precedenza da "Sparviero", per evitare di urtare la loro suscettibilità. La casa non si può certo definire lussuosa, ma non sembra essere neanche troppo povera. Finiti i convenevoli, inizia il mio compito che è di vedere la caviglia di un ragazzo e la schiena di un'anziana signora; lo svolgo al meglio, con promessa di successivi controlli. Salutata l'intera famiglia, che nel frattempo si era riunita al completo, ce ne andiamo via soddisfatti, perché, grazie anche al mio lavoro, lui ha ottenuto l'autorizzazione per spostare il traliccio. Al ritorno in albergo ovviamente brindiamo al risultato ottenuto e dopo cena, nel solito terrazzo dell'infermeria, "Sparviero" ci racconta anche episodi particolari che gli sono accaduti nelle altre missioni. E' comunque un tipo abbastanza introverso, che a quanto pare preferisce lavorare da solo piuttosto che con altri collaboratori.

Ci sono molti soldati come "Sparviero", che noi chiamiamo veterani, e, pensandoci ora, erano perfettamente riconoscibili già dall'inizio, proprio per l'abbigliamento molto "vissuto" e fortemente personalizzato.

Durante la serata, come sempre d'altronde, si sente sparare. Scoliamo l'ennesima bottiglia di whisky e a nanna. Voglio puntualizzare che non siamo ubriaconi, ma visto l'alto numero di persone che circolano nel nostro piccolo covo, non si fa in tempo ad aprirne una che subito finisce, è una fortuna che riusciamo a trovarlo a buon mercato, soprattutto dai tedeschi.

19 agosto 1999

Nella notte c'è stato un attentato alla chiesa ortodossa, che si trova proprio davanti al nostro albergo e uno dei due soldati di guardia dell'Esercito è stato ferito, per fortuna in modo lieve.

Questo, però, ha comportato un innalzamento del livello di allerta, con l'obbligo di indossare il giubbetto antiproiettile e l'elmetto. Un evento isolato e sicuramente non indirizzato verso gli italiani, ma verso la chiesa ortodossa, simbolo serbo. Infatti, durante la giornata non si verificano altri incidenti e tutto sembra normalizzarsi. Nel pomeriggio facciamo un giro per la cittadina, cercando di memorizzare la strada che porta all'ospedale civile, che è dislocato a circa quattro chilometri dalla nostra residenza. Transitando per la periferia, i segni della guerra sono molto più evidenti per via delle case distrutte o bruciate, ma altrettanto evidenti sono i segni della ricostruzione. In molte case sono iniziati i lavori e intere famiglie – donne e bambini compresi – sono alle prese con calce, mattoni, pale e via discorrendo.

Da qualche giorno ho un prurito incredibile, perché prima di partire ho fatto una tricotomia quasi completa di tutti i peli, e adesso che stanno ricrescendo me ne pento amaramente: inoltre il sudore alimenta ancora di più il mio disagio. La nota positiva sono però i capelli tagliati a zero, questa sì che è stata una mossa azzeccata.

Dalla vita non si può avere tutto e fare sempre le scelte migliori, ma l'importante è che di quelle sbagliate rimanga buona memoria per non ripeterle.

20 agosto 1999

La giornata fila liscia fino a quando nel pomeriggio un nostro collega nota due casse da morto e avverte un odore nauseabondo nella parte esterna posteriore dell'albergo. Andiamo a controllare, e in effetti ci sono due casse da morto semiaperte con all'interno liquami e vermi. L'aria è impregnata di un odore insopportabile.

Vado in infermeria e prendo due maschere munite di autorespiratore. Intanto i carabinieri entrano dal portone e trovano tre uomini, di cui uno armato, che stanno chiudendo quel che resta di due cadaveri dentro due bare nuove. Per poco non si rischia lo scontro a fuoco: disarmato l'uomo con la pistola, si cerca di comprendere la situazione. I corpi appartenevano a due comandanti dell'UCK, uccisi dai serbi il 5 maggio. Le casse erano state depositate in una cella frigorifera dei locali dell'albergo dove noi non abbiamo accesso e, siccome il giorno dopo si sarebbero dovuti svolgere i funerali, i tre uomini stavano sostituendo le vecchie casse deteriorate. L'ambiente che immette nella cella frigorifera è molto angusto, tetro; per terra c'è acqua e il tanfo in alcuni momenti raggiunge livelli da vomito. Le casse, fatte di semplici tavole di legno, sono sistemate una vicino all'altra con i coperchi scostati; la visione di quei corpi o di quello che ne resta, mi fa rabbrividire, sembra di assistere ad un film dell'orrore, non resisto più ed esco, allontanandomi il più possibile per togliermi la maschera e respirare finalmente aria buona.

Dopo circa un'ora, chiarita la situazione, le casse vengono portate via dai tre uomini con un trattore con rimorchio. Durante questo tempo quel fetore mi è rimasto addosso tanto che, per non sentirlo, ho cosparso la parte superiore del labbro di dentifricio. La vista di quei cadaveri poi, pieni di vermi, ha chiuso il mio stomaco al punto che la sera non ceno. E' la prima volta che vedo dei corpi umani in stato di decomposizione: è terribile, non lo consiglio a nessuno. Prima di addormentarmi, penso a quegli uomini morti e di come forse in vita le loro gesta sono state così importanti, tanto da nasconderli per tutto questo tempo, nell'attesa di una degna sepoltura.

21 agosto 1999

Si svolge il funerale dei due comandanti dell'UCK, una cerimonia cui partecipa molta gente: transitano davanti al nostro albergo in modo silenzioso. Le due casse sono depositate su un camion adorno di bandiere dell'UCK. Nel corteo ci sono molte donne che hanno in mano la foto di un uomo; si tratta di un loro familiare, morto o scomparso durante il conflitto con i serbi.

Dopo pranzo vado di nuovo con "Sparviero" presso la casa dei contadini; è per me motivo di soddisfazione vedere l'accoglienza che ci riservano; evidentemente il nostro comportamento ha lasciato un segno positivo. Controllati i miei pazienti, sono invitato a prendere il solito caffè alla turca e la solita coca-cola nel giardino della casa. Insieme con noi, questa volta c'è anche Marco e la sua presenza, essendo un ufficiale medico, dà più lustro alla visita che si protrae per circa un'ora.

Mi sembra tutto così surreale, strano, sto vivendo uno scorcio di vita che venti giorni fa non avrei mai immaginato di vivere. Penso alle altre guerre, soprattutto alla seconda guerra mondiale e al paese dei miei genitori, ad una trentina di chilometri da Cassino, con i soldati tedeschi che entravano nelle loro case. Nei miei ricordi di bambino, in vacanza per la chiusura estiva delle scuole, ci sono i racconti degli anziani del paese, sui soldati tedeschi dislocati in quella zona, sui loro comportamenti non proprio da guerrieri, ma con animo gentile. Storie senza grandi emozioni, senza eroi, senza battaglie, ma raccontate ai bambini con enfasi, rivelando aspetti della guerra non citati nei libri di scuola. Forse anche qui in Kosovo, tra qualche anno, un anziano, in una serata d'estate con la luna che brilla alta nel cielo, racconterà ai bambini che i soldati italiani sono stati in casa sua, si sono seduti nel suo giardino ed hanno gustato un caffè alla turca. Nel loro immaginario credo che quel soldato somiglierà a quello dei miei ricordi, senza volto, con un fucile in spalla, elmetto in testa, stivali sporchi e con la mano alzata in segno di saluto. Per me, cittadino di una nazione che, per fortuna, negli ultimi 50 anni non ha conosciuto guerre, stare qui significa provare delle emozioni così particolari che per capirle bisognerebbe viverle: così messe su carta non si possono spiegare.

Dopo molti giorni, finalmente riesco a sentire quella voce che tanto ho desiderato di sentire: la "sua". Ma, per via del suo carattere altruistico, dopo lo stupore iniziale, mi ha detto se avevo sentito mia madre e che forse era meglio sfruttare i minuti di conversazione a disposizione per chiamarla. Valle un po' a capire le donne, io mi prodigo per chiamarla e lei che mi risponde? Mi ha fatto comunque piacere sentirla e ricevere un abbraccio via telefono.

22 agosto 1999

Le visite sanitarie richieste dalla popolazione sono in continuo aumento. Per evitare di fare entrare tutti quei civili dentro la nostra struttura, ci vengono assegnati alcuni locali dentro l'ala dell'albergo gestita dai kosovari, con un'entrata sempre su strada, ma a parte dalla nostra. Questo settore dell'albergo ha mantenuto le sue funzioni originarie, quelle di ospitare la gente di passaggio. Lungo il corridoio ci sono anche piccole attività commerciali; una di queste è particolarmente interessante perché vende oggetti ricordo realizzati da un artigiano. Visionati i locali dove si dovranno effettuare le visite – due stanze attigue con un lettino e una scrivania – decidiamo di iniziare l'attività dal pomeriggio successivo e per giorni alterni. L'ospitalità riservataci dai gestori dell'albergo e dal personale che vi presta servizio è senza riserve; è evidente la loro profonda riconoscenza, non certo perché indossiamo una divisa da combattimento, ma perché su questa è applicato il distintivo della "Croce Rossa", che è simbolo di amicizia e solidarietà verso tutti gli esseri umani, senza distinzioni di alcun genere.

23 agosto 1999

E' il giorno dell'apertura del piccolo ambulatorio. L'orario previsto è per le 15.00, ma già dalla mattina molta gente è in fila. Quando arriviamo ci sono circa un centinaio di persone, per visitarle tutte ci vorrebbe una settimana. Non sappiamo come fare, anche perché tra loro si spingono per avvantaggiarsi di qualche posizione; la nostra interprete si sgola per farli stare zitti e calmi, ma sembra tutto inutile, sono veramente tanti, non ci aspettavamo una simile affluenza.

Facciamo calmare un po' le acque e intanto decidiamo di distribuire un numero d'ordine di prenotazione; questo solleva nuovi malumori, perché molti sono lì fin dalla mattina, così siamo costretti a promettere che faremo le visite anche domani, tutto il giorno, ma anche che per oggi possiamo visitare al massimo trenta persone.

In realtà riusciamo a farne soltanto venti, perché, per via della lingua, la nostra interprete deve spiccare i salti mortali, prima capire quello che hanno, poi farlo capire a noi e quindi spiegare la nostra terapia. Ciascuna visita dura circa 30 minuti, così le dieci persone rimaste sono rinviate al giorno dopo. Anche in questo caso si crea un po' di chiasso, ma non possiamo fare altrimenti, è notte e dobbiamo rientrare, ne va della nostra incolumità. Termino di cenare che la stanchezza mi immobilizza i muscoli, stasera niente salotto, ma subito il letto.

24 agosto 1999

Come promesso, iniziamo le visite di mattina, al termine andiamo a pranzo e il pomeriggio nuovamente in ambulatorio. Per i giorni successivi decidiamo di fare visite solo su prenotazione, fino ad un massimo di trenta al giorno, salvo ovviamente il pronto soccorso. Prenotiamo così tante visite che abbiamo lavoro per l'intero mese. Per fortuna Dafina (la nostra interprete) riesce in qualche modo a sintetizzare quello che i pazienti dicono e a farci guadagnare tempo.

E' sera: dopo aver cenato sento nuovamente la stanchezza prendermi i muscoli. A pensarci bene, da quando sono partito non c'è stato un solo giorno in cui ho dormito più del solito. Come desidero poter fare uno di queisonni memorabili, da distruggere il letto!

25 agosto 1999

Giornata di merda. Come fare a non chiamare così una giornata come questa? E' notte fonda quando comincio a sentire dei crampi alla pancia, mi giro e mi rigiro inutilmente nel letto. Dopo un po' sento lo stimolo di andare in bagno, ma è tutto inutile, è come se avessi un tappo. I crampi, intanto, sono sempre più forti e torno a letto, ma non faccio in tempo a sdraiarmi che devo correre di nuovo in bagno. Per il dolore mi sento quasi svenire, fortunatamente dopo un po' riesco ad evacuare una diarrea incredibile; penso di aver finito ma non faccio in tempo a tornare a letto che nuovamente sono in bagno e così fino alla mattina.

Quando mi alzo sono uno straccio, scendo in infermeria e trovo una fila lunghissima di persone, allora capisco che siamo stati colpiti da dissenteria. Per fortuna Mauro e Michele in modo lieve, tanto che sono in grado di assistere gli altri. Marco ed io invece prendiamo la nostra dose di medicine e torniamo nuovamente a letto.

Alla fine della giornata circa il 70% del personale è passato in infermeria per gli stessi problemi. Vado avanti tutto il giorno a tè e reintegratori salini; è sera quando le mie condizioni cominciano a migliorare ma mi sento veramente uno straccio.

Il pensiero è ovviamente che, in quelle condizioni, se qualcuno avesse voluto farci del male avrebbe avuto partita vinta. Si cerca di individuare i cibi incriminati ma è difficile, a quanto sembra abbiamo mangiato di tutto.

Il salotto dell'infermeria questa sera è quasi vuoto e nessuno di noi si azzarda ad assaggiare un goccio di whisky. Si ride e si scherza, chiamando questa giornata una vera merda, abbiamo intasato tutte le fogne della cittadina.

26 agosto 1999

La vita del distaccamento oggi sembra tornata alla normalità, dopo la scacazzata di ieri. Il 90% degli uomini è al suo posto, solo una parte è ancora degente ma per noi dell'infermeria è lavoro straordinario, oltre ovviamente alle visite alla popolazione.

Intanto i ragazzi del ROI hanno terminato di montare le tende in aeroporto, dove sarà installata una seconda infermeria in cui iniziamo a trasferire una parte del materiale. E' formata da tre tende pneumatiche con disegno a T, abbiamo messo anche l'aria condizionata, è veramente confortevole. L'acquisizione di questo nuovo spazio mi dà una sensazione di maggiore libertà.

E' sera tarda quando decido di partecipare al "teatrino". Infatti, già da qualche giorno circola voce che la sera, in alcune stanze nella parte dell'albergo gestita dai kosovari, al piano superiore dove sono situate le stanze in cui visitiamo la popolazione civile, si svolgono degli incontri sessuali. Queste stanze sono perfettamente visibili dall'ala del primo piano da noi occupata. Ovviamente il posto di visione, già al calare delle prime luci del giorno, è pieno di colleghi, forse per curiosità, o forse per la prolungata astinenza sessuale, o meglio ancora per fare qualcosa di diverso e ridere un po'. Sembriamo tanti guardoni allupati di sesso, come quelli che ho sempre immaginati, ma per fortuna mai visti. Ora che ci penso, quando prestavo servizio in un piccolo distaccamento dell'Aeronautica sulle montagne della

Sila, mentre andavo per funghi con dei colleghi, ci siamo imbattuti in due macchine che si erano spinte molto all'interno del bosco. Ci eravamo resi conto subito che si trattava di un incontro combinato e a sfondo sessuale. Poco dopo, infatti, la coppia, sistematasi in una delle due macchine, cominciava le sue effusioni, mentre noi eravamo costretti a sdraiarci in terra e a soffocare le risate per non essere scoperti. Tornando alla situazione attuale, attendiamo con ansia che entri qualcuno nelle stanze e, quando questo avviene, i commenti che si sentono sono della peggior specie, ma la cosa più assurda è che non si vede quasi nulla, perché la luce è spenta e tutto è lasciato alla nostra immaginazione.

Ripenso alle donne inglesi dentro la doccia, e mi assale un desiderio quasi doloroso, tanto che decido di andare nella mia stanza e di masturbarmi: è una vera liberazione. Infatti, già da qualche giorno avevo i testicoli che mi davano fastidio, ne avevo proprio bisogno, mi sento come sollevato, felice.

Il prof. Battistelli, docente di Sociologia dell'Organizzazione presso l'Università "La Sapienza" di Roma, che conosco bene perché relatore della mia tesi, nei suoi studi sulle missioni di "peace-keeping" considera la privazione sessuale come uno degli aspetti cruciali dei disagi derivanti dall'impiego in missioni fuori area, anche se della missione la sessualità riceva la risposta di totale astinenza, integrata o meno dall'autoerotismo. Caro professore la sua teoria ha trovato in me una prima conferma, ma non credo sia l'unica.

27 agosto 1999

La prima cosa che faccio quando arrivo sul terrazzo dell'infermeria, dopo aver lasciato la mia stanza, è preparare il caffè, mentre lentamente la vita intorno a me comincia a prendere forma. Alla spicciolata arrivano Marco, Mauro, Michele con gli occhi ancora semichiusi dal sonno. Davanti alla tazzina fumante confesso a Marco di essermi masturbato e la sua risposta è: "perché hai aspettato tutto questo tempo? Dovevi farlo prima". Durante la giornata non ricordo a quanti colleghi ho detto di masturbarsi perché si sarebbero sentiti sicuramente meglio; alcuni mi hanno risposto: "fattela tu", altri: "è già da un pezzo che vado di mano".

28 agosto 1999

La costruzione dell'infermeria in aeroporto è finalmente terminata, anche nella parte esterna. Essendo un po' decentrata rispetto alle altre tende, per maggiore protezione sono state issate tutto intorno delle reti mimetiche; in più per agevolare il passaggio, è stata creata una stradina con una piazzola ricoperta di ghiaia. Il turno pomeridiano è una vera pacchia; infatti, non viene nessuno e mi rilasso come non mai, è l'occasione per schiacciare un meritato pisolino. Ormai i turni di lavoro sono abbastanza cadenzati e, salvo imprevisti, l'aeroporto chiude alle 19.00. Il mezzo che ci porta in albergo viene parcheggiato dentro la caserma della Brigata "Sassari", così abbiamo anche l'occasione per fare alcuni acquisti giacché all'interno è stato istituito un servizio bar.

29 agosto 1999

Per uscire dalla solita routine, visto che c'è una scorta che va a Pec, m'inserisco. Il viaggio non è lungo, ci vuole circa un'ora. E' la terza volta che vedo questa città ed inizia ad essermi familiare e poi la trovo ogni volta più viva.

Da Pec ci trasferiamo a Kline, dove, effettuati alcuni servizi, torniamo indietro. Queste missioni sono anche l'occasione per conoscere più da vicino colleghi che prima avevi solo intravisto. Gli uomini che fanno parte di queste scorte, immediatamente diventano fra loro un tutt'uno, sicuramente ognuno cerca rassicurazione nell'altro e al termine della missione hai la sensazione di essere meno solo e la consapevolezza di aver trovato altri colleghi/amici.

30 agosto 1999

Cominciano i primi turnover degli uomini, alcuni perché hanno terminato il proprio ciclo, altri perché avvicendati, soprattutto i ragazzi dell'avanguardia partita prima di noi. All'arrivo dei neoassegnati, mi sento un veterano, li guardo come delle matricole. Un solo mese di permanenza, anzi nemmeno un mese, mi dà già la consapevolezza di essere un anziano, di poter insegnare qualcosa e in effetti è così, perché loro sono completamente all'oscuro di come si svolge la vita qui in Kosovo e all'interno delle nostre strutture, quella logistica e quella operativa. Anche per noi dell'infermeria c'è un cambio; Michele infatti è stato il primo a lasciarci e con lui è andata via anche una parte della nostra piccola storia kosovara. Il sostituto si chiama Andrea e rivestirà anche le funzioni di capo del servizio sanitario. A prima vista l'impressione è buona, lo accompagniamo nella stanza che apparteneva a Michele, sembra un po' disorientato ma credo che questo sia normale, tra qualche giorno anche lui si sentirà kosovaro.

31 agosto 1999

Da alcuni giorni sto pensando di scrivere due righe a "lei", ma non trovo mai le parole, non tanto perché non so cosa scrivere, ma perché la consapevolezza di non poter spedire la lettera e sapere che non potrà mai leggerla, inibisce i miei pensieri. Questa sera, però, mi sento particolarmente ispirato, tanto da volerla avere qui con me. Siccome non è possibile, il modo per sentirla più vicina è appunto scriverle una lettera che forse non leggerà mai.

"Ciao Delizia, sono giorni che pensavo di scriverti, non trovavo però né il tempo né le parole. L'aspetto temporale era, ed è in ogni modo, legato alla mia quotidianeità, le parole, invece, ... quelle sono legate a tanti altri aspetti, ma elencarli tutti significherebbe riempire il foglio con motivazioni, sensazioni, desideri. Non ricordo quanto tempo è passato dall'ultima volta che ho scritto a qualcuno. Farlo qui, in un'area sofferente per la guerra appena passata, conferisce a questa mia un sapore del tutto particolare.

Dopo questa premessa c'è comunque di fondo, ed è questa la motivazione principe per cui scrivo, una donna che involontariamente o volontariamente (il tempo sarà giudice di questo) ispira tale desiderio. Tante volte mi sono chiesto chi sei, cosa rappresenti per me, qual è il particolare per cui mi sento così coinvolto. Credo che la risposta, che è ovviamente soggettiva e non necessariamente condivisibile, sia piuttosto articolata;

e non focalizzabile in un'unica caratteristica che ti appartiene. Forse è la tua personalità nel suo insieme, il tuo carattere, e dico forse, perché conoscere una persona nella sua totalità non è semplice, come non è semplice catalogarla attraverso un giudizio superficiale.

Sono circa quindici mesi che, in un modo o nell'altro, tu ed io siamo complici di un qualche cosa, la cui definizione resta a noi stessi ancora sconosciuta. Il percorso verso la verità si sa è tortuoso, lungo e difficile, ed anche quando pensi d'averla raggiunta ti restano comunque dubbi sulla sua effettiva piena conoscenza. Vivere nel dubbio, nell'incertezza può portare ad una visione pessimistica della vita, l'ottimismo invece, è segno di volontà, e siccome questo credo non ti manchi, allora vivi la tua vita sulle ali del gabbiano e il mondo ti sorriderà.

Ti sto pensando in una serata d'agosto e da un paese lontano, ho il desiderio di abbracciare il tuo corpo caldo, di baciare le tue labbra sensuali, di vedere la luce dei tuoi occhi, di scoprire la tua passione, di accarezzare i tuoi capelli, di ascoltare la tua voce, di ... ma tu non ci sei, e allora non posso che chiudere gli occhi ed evocarti accanto a me.

Averti vicino d'altronde sarebbe uno stato di compiuta perfezione e felicità, quasi impossibile da tradursi nella realtà, ma la cosa più crudele è la consapevolezza che questa giornata, con i suoi pensieri, i suoi desideri, le sue necessità, e tutto ciò che rispecchia il vivere quotidiano, intenso o meno intenso che sia, non torneranno mai più, perché oggi è già passato e domani è un altro giorno.

Il regalo della tua "amicizia" è un atto dietro il quale sono presenti gentilezza, generosità, riconoscenza, affetto, sin-

cerità, amore, desiderio, gioia, considerazione, ricordo, bellezza, verità, luminosità, sensualità, innamoramento e... tanta, tanta Delizia.

Sento lentamente la stanchezza appesantirmi le palpebre, la mente perdere concentrazione e attenzione, l'energia dissolversi nel nulla, ma volevo augurarti buona notte e quale migliore mezzo per farlo, che scrivere queste righe?

1 settembre 1999

Sono insieme ai colleghi con cui abitualmente pranzo e prendo il caffè in infermeria, quando ci chiamano per un intervento esterno. Prima di partire prendo una batteria supplementare della radio, e niente altro perché con Mauro abbiamo preparato le due autoambulanze con tutto l'occorrente e in modo quasi maniacale. Abbiamo sistemato sia le attrezzature sia i farmaci, nella stessa disposizione in entrambe, cosicché prendere l'una o l'altra non fa nessuna differenza. Con Marco e l'autista ci dirigiamo verso l'ospedale civile della cittadina, perché un bambino è stato ferito da un'arma da fuoco. Via radio avvisiamo il comando di una possibile evacuazione con elicottero.

Arrivati in ospedale troviamo un bambino di 10 anni colpito da un proiettile alla nuca, per cui si rende necessaria l'evacuazione. Diamo così conferma al nostro comando della richiesta elicottero; la risposta è comunque di attendere, intanto cambio la batteria alla radio perché è scarica.

L'aria che si respira dentro l'ospedale è di insolita tranquillità e non riusciamo a capirne il motivo, visto che noi ci muoviamo con una velocità incredibile. La spiegazione ci viene data da una dottoressa inglese di Medici Senza Frontiere: il bambino è serbo e le prime cure gli sono state approntate solo grazie al suo intervento. Il bambino si trova in una stanza su un lettino, è già intubato e con la flebo inserita nel braccio, intorno ci sono i sanitari dell'ospedale, sembrano impassibili, come se la cosa non li riguardasse più e forse la nostra presenza è una liberazione.

Intanto richiamo il comando per la conferma dell'elicottero, quando la batteria, cambiata poco prima, cessa di funzionare: panico! Non sappiamo cosa fare, non avendo conferma della disponibilità dell'elicottero, rischiamo di portare il bambino in aeroporto inutilmente mettendo a repentaglio la sua vita. Sono momenti agghiaccianti. Marco ed io ci guardiamo negli occhi e ci diciamo che in ogni modo qui non gli avrebbero fatto niente e che conviene rischiare, perciò lo prepariamo per il trasporto, immobilizziamo le vertebre cervicali con un collare, inseriamo la barella a cucchiaio e lo sistemiamo sul materassino autoindurente. Effettuo anche la procedura per togliere l'aria e immobilizzare per bene quella piccola anima. In cinque minuti siamo pronti e a sirene spiegate ci dirigiamo verso l'aeroporto, con noi viene anche l'anestesista dell'ospedale. Durante il trasporto non dice una parola e rimane seduto su un seggiolino con una siringa in mano.

Il mio grido di sollievo fa capire a Marco che l'elicottero è lì, è pronto al decollo; infatti, mentre ci avviciniamo, vedo l'elica girare. Arrivati sulla pista, grazie anche alla presenza di Mauro e Andrea trasferiamo immediatamente la barella con il bambino sul velivolo e decolliamo alla volta dell'ospedale di Pristina. Durante il volo cerchiamo di monitorare al meglio le condizioni del bambino, sono però gravissime, tanto che dopo un po' la cavità orale si riempie di sangue, iniziamo un massaggio cardiaco, ma in cuor nostro sappiamo che la speranza che quegli occhi possano ancora vedere la luce è vana. A Pristina portiamo solo un piccolo cuore che batte ancora. Atterrati sulla piazzola adiacente l'ospedale, insieme ai due specialisti dell'Esercito trasportiamo la barella dentro la struttura, anche qui c'è molta indifferenza. Il nostro compito sarebbe terminato, ma vista l'inefficienza dell'ascensore e la mancanza di personale per trasferirlo al quarto piano decidiamo di farlo noi. Solo a questo punto lo lasciamo nelle loro mani. Morirà poco dopo. Mestamente scendiamo le scale e ci dirigiamo verso l'elicottero, quando si alza in volo sento dentro di me un vuoto incredibile. Dò un ultimo sguardo all'ospedale, sperando di non doverlo rivedere mai più.

Il viaggio di ritorno è triste, siamo convinti di aver fatto tutto il possibile, ma consegnare alla morte una vita che ti è stata affidata ti fa sentire inutile, tanto che ti viene voglia di spaccare tutto. Mi sento come non mi sono mai sentito in vita mia, una merda, e nutro un feroce odio verso i kosovari che da vittime si sono trasformati in carnefici e per giunta verso un'anima innocente la cui unica colpa era di essere serbo.

Quando atterriamo è ormai notte, con la testa abbassata prendo le mie cose e mi avvio verso l'infermeria, non mi sono mai sentito così, la vita è un bene prezioso ed io non sono riuscito a preservarla. La sera in albergo non si parla d'altro che della medevac (evacuazione medica) e riceviamo tanti "comunque bravi, ci avete provato". E' tardi quando vado a letto, sono un po' traballante perché ho alzato il gomito col whisky, spero almeno di dormire.

2 settembre 1999

Mi sveglio con il mal di testa, l'alcol ha fatto il suo effetto. Scendo le scale e percorro i corridoi dell'albergo, ma sono ancora assente, sicuramente un buon caffè mi sveglierà. E' la seconda volta che muore un paziente che sto cercando di salvare. La prima volta però era accaduto in Italia e in circostanze diverse, si trattava di un infarto, ma questa volta, per le modalità in cui è accaduto, non riesco proprio ad accettarlo. Maledetta guerra.

Nel pomeriggio sono di servizio in aeroporto, in infermeria ci sono ancora i guanti sporchi di sangue usati nella medevac, e per non guardarli chiudo il contenitore dei rifiuti speciali. Le ore sembrano non passare mai, e la mancanza di impegni non fa che riportare la mia mente a ciò che è successo ieri, alla possibilità che da parte nostra ci sia stata qualche inadempienza per salvare quella vita. Ripercorro attimo per attimo l'evento e alla fine credo che più di quello che abbiamo fatto non potevamo fare, evidentemente era già tutto scritto così come è accaduto. Per quanto mi riguarda non ho più bisogno di leggere il copione, lo ricorderò per tutta la vita. La sera faccio una partita a poker per distrarmi e prendere sonno.

3 settembre 1999

Credo che la stanchezza cominci ad affiorare un po' in tutti. Da quando siamo arrivati, infatti, i momenti di calma assoluta sono stati veramente pochi e il nervosismo comincia a farsi sentire. Penso che dipenda anche dal fatto che stiamo sempre chiusi, senza nessuna distrazione, senza valvole di sfogo. Sembra di stare in prigione. Comincia a mancarmi l'Italia e penso alla gente che si gode le vacanze e che la sera esce tranquillamente e si diverte. Forse farei meglio a non pensare a queste cose altrimenti il tempo non passa più.

Le sere sono tutte uguali, provo a fare una telefonata, quattro chiacchiere, una partita a carte, un po' di tv. Che palle!

4-5-6 settembre 1999

Giornate pallose, o meglio, giornate in cui, da quando ti alzi al mattino, a quando vai nuovamente a dormire, tutto si ripresenta allo stesso modo, con la stessa cadenza, forse anche con le stesse parole, persino il cibo ti sembra identico a quello dei giorni precedenti e le ore non passano lentamente .... non passano affatto. Ma la cosa peggiore, quando entri in un simile meccanismo è che, se poco poco ti viene richiesto di fare qualcosa, l'apatia è così totale che non ti va proprio di farla o la rimandi, perché sei stanco dalla noia. Dire che ho fumato qualche sigaretta in più è dire una bugia. Ho veramente esagerato. Per evitare di raggiungere i livelli di un malato di tabagismo, già da qualche giorno ho comprato degli antichi toscani. Devo ammettere che questo espediente riduce un pochino le sigarette, ma non sono il solo. Siamo in molti ad andare in giro con questo mezzo sigaro sempre tra le labbra.

7 settembre 1999

Dopo tre giorni di puro ozio, oggi finalmente si profila qualche novità. Siamo di servizio in una località vicino Pec, perché ci sarà il cambio di comando tra il generale Del Vecchio e il generale Gay. Sono attesi numerosi elicotteri con tante personalità e giornalisti, anche dall'Italia. Noi dell'Aeronautica Militare siamo addetti all'assistenza velivoli, la cornice di sicurezza è assegnata agli uomini dell'Esercito e ai Carabinieri. Già dal primo mattino prendiamo posizione, siamo circa una quindicina. Sono circa le 11.00 quando uno ad uno cominciano ad arrivare gli elicotteri, e questo per noi dell'Aeronautica è il momento di maggiore lavoro, soprattutto per Claudio, responsabile delle comunicazioni e delle direttive d'atterraggio. Una volta atterrate, le autorità presenti a bordo, con mezzi blindati vengono accompagnate nel luogo della cerimonia, anche questa completamente presidiata dalle forze KFor. Anche noi ci dirigiamo lentamente nella zona indicata, ma arriviamo che la cerimonia è quasi terminata. Il tempo di salutare qualche amico, di mangiare velocemente e torniamo nuovamente sulle pseudo-piazzole che serviranno tra poco per i decolli.

Tra gli ospiti importanti ho riconosciuto il presidente del Consiglio D'Alema e il Capo di Stato Maggiore della Difesa generale Arpino. Decollato l'ultimo elicottero anche noi alziamo le tende e facciamo ritorno in albergo per un'altra, solita serata.

Dico solita, perché questo è il momento di maggiore apatia della giornata, che deriva secondo me dal senso di chiusura che si avverte dentro la struttura.

8 settembre 1999

Sono passati circa quindici giorni dall'apertura del piccolo ambulatorio e per la gente del posto sono "l'ortopedo". Generalmente svolgo le visite con Marco il quale, specializzato in gastroenterologia, lascia a me, che sono fisioterapista, il controllo sui pazienti con problemi di origine ortopedica, ovviamente sotto il suo sguardo vigile. Se necessario, effettuo anche docce gessate, fasciature e immobilizzazioni di piccole articolazioni.

Il distintivo della Croce Rossa sulla tuta da combattimento facilita il riconoscimento da parte della popolazione che visitiamo. Al nostro passaggio la gente s'inginocchia, ci prende le mani per baciarle, e noi cerchiamo di farli rialzare. Mi sembra di essere uno di quei santoni al cui passaggio la gente si genuflette o china il capo. Un simile comportamento mi fa capire quanto sono importante per queste persone, quante speranze ripongono in me, ma dentro sento anche tanta commozione, sto dando loro quello che ogni giorno faccio anche in Italia, ma qui ha un valore incredibile, e sento questa responsabilità.

Intanto la Telecom, e precisamente alcuni operai della zona di Napoli insieme ai nostri telefonisti, hanno attivato alcune postazioni per telefonare, e la sera, finalmente, avendo delle schede a disposizione acquistate nel mio primo viaggio a Pec, telefono anche ad alcuni amici. Lo stupore nel sentirmi è grande, le domande si susseguono quasi senza interruzione, vogliono sapere tutto, ma anche io li tempesto di domande perché mi manca tanto la mia vita e, attraverso di loro, cerco di ricordarla e di assaporarla. E' notte tardi quando finisco di telefonare, ho consumato 20.000 lire di schede, che sfiga! Non ne ho più altrimenti avrei continuato. Mi sta prendendo la brama d'Italia, ormai sono già alcuni giorni che ci penso in modo sempre più intenso. Ovviamente ho telefonato anche a "lei", non so se lo fa apposta, o se la sua generosità non ha veramente confini, ma ancora una volta mi ha detto "hai chiamato tua madre?" Se avessi potuto, le avrei dato un morso sul naso da lasciarle il segno per una settimana. Comunque, per dispetto le ho detto che non la sentivo da una decina di giorni e che non avevo nessuna intenzione di farlo, anzi che non avrei telefonato più neanche a lei. Che bugiardo sono, se avessi avuto ancora scheda l'avrei chiamata di nuovo già dopo cinque minuti.

9-10 settembre 1999

La rivincita! Tra gli operai della Telecom ce n'è uno particolarmente bravo a giocare a tresette, gioco che facciamo quasi tutte le sere con il gruppo degli amici addetti alle telecomunicazioni. I due aiutanti anziani del gruppo, che fanno coppia fissa contro tutti gli altri, conoscendosi da una vita sono ovviamente molto affiatati. Per di più, gli altri riescono a malapena a tenere le carte in mano. Io un pochino me la cavo, ma per via della mancanza di un compagno adeguato, con due marpioni come quelli non c'è niente da fare e lo sfottò che mi becco ogni sera proprio non lo sopporto più. La fortuna ha voluto che tra gli operai civili ci fosse "S. Gennaro", così ho ribattezzato il mio compagno di carte napoletano e per i due marpioni, in queste due serate, come si dice a Roma "non c'è stata trippa per gatti". Ma la cosa più bella è vederli finalmente litigare accusandosi di reciproci sbagli. Purtroppo per me, però, domani gli operai Telecom lasciano la nostra residenza e sicuramente dovrò sopportare nuovi sfottò dai due, a meno che non decida di ritirarmi e non giocare più, ma questo credo sia un po' difficile viste le possibilità limitate di passare le serate in altri modi.

11 settembre 1999

Questa mattina sono di servizio presso l'albergo. Sbrigate alcune piccole pratiche in infermeria, mi reco sul terrazzo, proprio sopra l'entrata principale che dà sulla piazza di Dakovica. Sono circa le 10.00. In lontananza vedo un assembramento di persone e alcune macchine in mezzo alla strada: sembra un incidente. Chiamo alcuni colleghi e continuiamo a seguire l'evolversi della situazione. Intanto le strade che circondano l'albergo pian piano sono bloccate da camion ed autovetture, e quello che a prima vista era sembrato un incidente assume adesso gli aspetti di una manifestazione, una sommossa o qualcosa del genere.

L'assembramento aumenta sempre di più e, cosa grave, la gente comincia a gridare contro di noi. Non riusciamo a capirne il motivo poiché, da quando siamo qui, non ci sono mai stati problemi, anzi proprio con le visite mediche abbiamo cercato di accattivarci la loro stima e la loro simpatia. Torniamo dentro la struttura per evitare di farli alterare ancora di più. Apprendiamo per radio che alcune nostre pattuglie non riescono ad oltrepassare i posti di blocco vicino all'albergo e sono dirottate così verso l'aeroporto. La situazione non sembra per niente facile, anzi comincia a serpeggiare un po' di preoccupazione.

A questo punto facciamo la conta degli uomini dentro l'albergo, siamo circa una ventina, sospendiamo i lavori che stavamo svolgendo fino a quel momento per armarci, e per precau-

zione indossiamo anche l'elmetto ed il giubbetto antiproiettile. Veniamo così dislocati a presidio dei punti più vulnerabili della struttura che sono però così tanti che sembra di essere in una forma di gruviera; ci vorrebbe la metà del contingente per stare più tranquilli. Le comunicazioni via radio e telefoniche nel frattempo si susseguono continuamente.

Chiediamo aiuto all'Esercito e poco dopo sulla piazza e nelle strade circostanti piene di gente arrivano i carri armati. Intanto il grosso delle nostre forze è in aeroporto, pronto in ogni caso ad intervenire. Un clima così teso non l'ho mai vissuto, la situazione può esplodere da un momento all'altro. Non si riesce a capire il motivo di tanta improvvisa ostilità. Le voci si susseguono frenetiche ed arrivano anche le prime informazioni. A quanto pare l'innesco è stato determinato dal fatto che i Carabinieri hanno arrestato il presunto assassino del bambino che abbiamo trasportato a Pristina in elicottero e, sempre da voci ufficiose, per la popolazione quell'uomo è un eroe della guerra contro i serbi e lo rivogliono libero.

La situazione si protrae per tutta la giornata con momenti di tensione e di relativa calma; i carri dell'Esercito sono bloccati in mezzo alla folla, evidentemente l'immagine del ragazzo cinese in piazza Tienammen ha fatto scuola. Le ore passano frenetiche e non sembra esserci una soluzione; delegati dell'Esercito intanto parlano in continuazione con i rappresentanti del popolo, e nel pomeriggio alcune squadre della Brigata "Sassari" vengono a darci manforte, ma la situazione è in una fase di pieno stallo, alcuni facinorosi locali ogni tanto incitano la folla ma per fortuna niente di più. Allo scendere della sera con i visori notturni si cerca di individuare eventuali persone armate mischiate tra la folla. Sono circa le 22.00 quando l'Esercito porta degli idranti intorno alla piazza, evidentemente si vuol disperdere la folla con l'acqua. Non so se questa sia la mossa giusta, o se nel frattempo si è raggiunto un accordo, fatto sta, che per incanto la gente comincia a disperdersi e i blocchi stradali vengono rimossi. La situazione sembra tornare alla normalità. Intanto avvisiamo i nostri colleghi in aeroporto di questo nuovo cambiamento. Sembra il momento propizio, così partono immediatamente e, senza dare troppo nell'occhio – anche se è veramente difficile non notare una colonna di mezzi militari – attraverso una strada secondaria, raggiungono l'albergo passando posteriormente per l'entrata della lavanderia.

Siamo tutti un po' provati, stanchi e affamati. Finalmente posso togliere l'elmetto e il giubbetto antiproiettile; nessuno ha voglia di fare salotto questa sera, e così, scelti alcuni uomini per raddoppiare il servizio di vigilanza, ce ne andiamo nelle nostre stanze.

Ecco, sono stato accontentato, dopo giorni che non succedeva nulla, improvvisamente il clima si è surriscaldato, l'apatia e la noia legati alla solita routine sono scomparsi, non ho il tempo per pensare alla vita fuori di qui. Comincio a credere che nei momenti di tensione ci si senta più attivi e utili.

12 settembre 1999

Visto quel che è successo ieri, questo nuovo giorno inizia all'insegna della sicurezza con l'aggiunta di nuove postazioni per la difesa, comunque già abbondantemente raddoppiate la sera prima. Tutto però sembra essere tranquillo, come se niente fosse successo. La gente passeggia normalmente nella piazza, come ha sempre fatto, i bambini giocano e si divertono. Termino di pranzare e vado in aeroporto perché sono di servizio.

Essendo domenica, le attività sono ridotte al minimo, tanto che, passo l'intero pomeriggio a seguire la TV nella tenda appositamente allestita. Sono circa le 19.00 e sto per terminare il mio turno quando la sala operativa ci avvisa di una possibile medevac, perché un civile è saltato su una mina. C'è un po' di confusione poiché l'intervento dovrebbe essere effettuato dal personale sanitario dell'Esercito; almeno questo s'intuisce dalle informazioni che arrivano via radio. Una telefonata elimina invece tutti i dubbi, dobbiamo andare noi dell'Aeronautica. Vado di corsa in infermeria per prendere l'occorrente quando, all'improvviso, non uno ma mille dubbi mi assalgono: non ho mai soccorso una persona saltata su una mina, non so come la troverò, cosa devo portarmi in più rispetto al solito? L'elicottero è già lì che aspetta con Marco. Prendo uno zaino da pronto soccorso aggiuntivo, raggiungo gli altri e decolliamo. Nonostante sia libero dal servizio e vista la particolarità dell'intervento, con noi viene anche Mauro. La sua presenza mi dà molta più sicurezza.

Durante il volo mi accorgo che, per motivi diversi, sono tutti un po' preoccupati. Marco e Mauro hanno i miei stessi dubbi, perché anche loro affrontano per la prima volta un'esperienza del genere, il pilota perché sa che dove esplode una mina potrebbero essercene altre. Quando arriviamo e sorvoliamo la zona le ombre della sera cominciano ad allungarsi, e questo rende ancora più complesso l'intervento. Intanto un'unità di terra dell'Esercito che ha raggiunto il luogo ci indica dove atterrare.

Immediatamente raggiungiamo l'individuo, un ragazzo di 15 anni, che ha perso la gamba destra ed ha la sinistra fratturata in più punti. Con i miei colleghi ci muoviamo in perfetta sincronia, mettendo in gioco tutta la nostra professionalità e competenza: blocchiamo al meglio tutte le emorragie, inseriamo una flebo, stecchiamo gli arti, lo immobilizziamo sulla barella e nel giro di dieci minuti, decolliamo alla volta di Pristina. Durante il volo monitoriamo il ragazzo, il quale, nonostante la quantità di sangue perso, sembra essere abbastanza vigile e calmo. Anche se non riusciamo a capirci per via della lingua ci sorride e questo ci fa sentire più tranquilli almeno per quanto riguarda le sue condizioni generali. Atterrati sulla piazzola adiacente l'ospedale civile, lo trasportiamo all'interno velocemente e senza troppi intoppi, giacché ormai conosciamo bene la strada.

Anche questa volta restiamo stupiti dalla calma mostrata dai sanitari, e questa volta non perché il ragazzo sia serbo ma perché vedere le lesioni provocate dallo scoppio di una mina, per loro forse è cosa abituale. Lasciamo, così, il ragazzo nelle mani dei sanitari. Saluto il padre del ragazzo che è venuto con noi, e quando mi accingo a dargli la mano si inginocchia, mi abbraccia e, piangendo, mi ringrazia. Non nascondo che ho sentito un nodo stringermi la gola. Speriamo che la sofferenza di suo figlio e della sua famiglia sia finita qui e tutto possa risolversi per il meglio, senza ulteriori problemi oltre a quelli già troppo evidenti.

Durante il ritorno mi accorgo che la mimetica è quasi completamente cosparsa di sangue. Arriviamo a notte fonda, anche il personale di servizio in aeroporto ha dovuto fare gli straordinari per attendere il nostro atterraggio, come i ragazzi della mensa che, quando arriviamo in albergo, ci preparano la cena.

Tutti ci chiedono in continuazione com'è andata. Dal punto di vista sanitario bene, perché siamo riusciti a portare il ragazzo ancora in vita nonostante il sangue che aveva perso, dal punto di vista umano mi sento una merda e penso alla crudeltà della guerra, a queste armi schifosissime che l'uomo ha creato.

Sono tutto adrenalinico tanto che mangio in pochi minuti, non riesco a stare fermo, a rasserenarmi; ogni tanto passa qualcuno e mi dà pacche sulle spalle. Vorrei non averle mai ricevute e vorrei gridare al mondo che i signori della guerra sono dei grandi bastardi, che la guerra è bastarda, ma ancora di più l'uomo che la combatte. Per causa loro da domani un ragazzo camminerà per tutta la vita con una gamba artificiale e un bastone. Bastardi, bastardi, bastardi. Vaffanculo a me, sono stato accontentato, non ho sofferto di noia, oggi.

13 settembre 1999

Negli occhi ho ancora le ultime ore della giornata di ieri, mi sento stranissimo come se mi fosse passato sopra un treno. Telefono a casa ma non racconto niente di quello che è successo. Pensandoci, ogni volta che accade qualcosa di grave o di importante, subito chiamo a casa, o forse chiamo il mio mondo, la mia vita. Forse cerco solo la conferma che esiste una realtà diversa da questa.

Nel pomeriggio andiamo in ambulatorio per le visite ai civili. Alcuni di loro vengono per successivi controlli, e la loro presenza comincia ad essere più familiare, tanto che mi intrattengo insieme all'interprete, in discorsi diversi da quelli sanitari. Ugualmente avviene al termine delle visite; ci attardiamo, ogni volta un po' più a lungo, a parlare con gli addetti alle attività commerciali e con i gestori dell'albergo.

14-15 settembre 1999

Dovendo scrivere per forza qualcosa, non potendo lasciare questi due giorni in bianco, come se non fossero esistiti, e anche alla luce degli avvenimenti che hanno caratterizzato gli ultimi giorni, allora dico ben tornata solita routine e, insieme con te, solita noia, perché, se per non soffrire di questi malesseri – se così si possono chiamare – un ragazzo deve camminare senza una gamba, allora preferisco soffrirne fino alla fine della missione e se necessario anche per i mesi successivi.

16 settembre 1999

Questa mattina, con una scorta, andiamo a Pristina. Invece di fare la solita strada passando per Pec, ci dirigiamo verso Prizren, che è la zona del Kosovo sotto il controllo tedesco.

Lungo la strada incontriamo posti di blocco, perché sono state trovate fosse comuni. A prima vista questa parte del Kosovo è meno distrutta, i segni della guerra sono meno evidenti, dal punto di vista naturalistico, poi, è molto più bella, ma il mio stupore è ancora più grande quando arriviamo a Prizren, una cittadina piena di gente e negozietti caratteristici, con case non più alte di tre piani, attraversata da un fiume fiancheggiato da una banchina attrezzata con sedili e caffè all'aperto. Sembra di stare in un paesino delle nostre Dolomiti.

Passiamo davanti ad una scuola e i ragazzi, riconosciuto il nostro tricolore, cominciano ad esultare e a salutarci: italiani, italiani! Credo che ci avrebbero preferito ai tedeschi.

Ci fermiamo davanti ad un convento per portare dei regali ai bambini che sono ospitati qui. Mentre i miei colleghi portano a termine questo compito, io rimango di guardia ai mezzi e mi godo lo scenario di una bella giornata di sole in una ridente cittadina kosovara.

Dopo circa mezz'ora riprendiamo il viaggio e ci dirigiamo verso l'aeroporto di Pristina, dove deve atterrare un aereo proveniente dall'Italia. A bordo dovrebbe esserci anche un nuovo medico. Così non è, non c'è nessun medico, allora prose-

guiamo il viaggio, questa volta per tornare a casa, passando per Pec.

Prima di arrivare deviamo per Kline, dove sono distaccati alcuni reparti dell'Esercito e della Marina, per consentire ad un collega di viaggio di far visita a suo figlio che fa parte di quelle unità. Prendiamo un caffè e dopo una breve sosta riprendiamo il viaggio. Vista la loro sistemazione, penso che noi dopotutto, siamo stati più che fortunati, ma questa è una cosiderazione che aveva trovato le prime conferme già dal giorno del mio arrivo a Dakovica.

Arriviamo che è quasi ora di cena, subito dopo mi reco allo spettacolo porno, ma anche questa volta, come tutte le altre credo, non si vede niente, solo due uomini e due donne che dopo un po' si mettono a dormire. La mia carriera di guardone proprio non accenna a decollare, evidentemente non ne ho la stoffa.

Sarà stata la giornata assolata, il viaggio tranquillo, ma mi sento particolarmente rilassato tanto che, e questo stimola un impulso sessuale che freneticamente mi scuote tutto il corpo: vista la situazione, non mi rimane che masturbarmi nuovamente.

17 settembre 1999

Fortuna ha voluto che ieri sera mi sia masturbato, non solo perché ho appagato (almeno superficialmente) i miei istinti sessuali, ma perché nel pomeriggio durante le visite alla popolazione, vengo chiamato in disparte da colui che sembra essere uno dei gestori dell'albergo, dove abbiamo il piccolo ambulatorio. Inizialmente non capisco bene quello che vuole dirmi, per ovii problemi di lingua. Chiedo conferma all'interprete su quello che credo di aver capito.

La sua offerta mi sbalordisce: mi sta indicando una donna. Per un attimo ho sentito una scossa dalla testa ai piedi, poi chiedo spiegazioni e l'uomo mi fa capire che siccome nei giorni precedenti ho curato la mamma di una persona molto influente all'interno dell'UCK, per compensare il mio operato, il figlio voleva sdebitarsi in questo modo. Mi è sembrato di vivere in un altro tempo quando le donne erano considerate merce di scambio. Non perché credevo che tali cose esistessero solo nei film, ma non avrei mai pensato che sarebbero successe a me.

Il mio istinto di uomo, ovviamente, voleva accettare, ma la mia formazione professionale e la consapevolezza del mio status di militare hanno prevalso. Se devo dire la verità è stata una decisione sofferta, e durante la serata ho ripensato molte volte a questo rifiuto, alcune volte dandomi del fesso, altre dicendomi bravo. Ho evitato di parlarne con altri colleghi, anche per evitare discussioni sull'argomento e perché sicuramente la questio-

ne avrebbe fatto il giro dell'intero contingente in meno di mezzora. Le donne sono l'argomento che va per la maggiore in questo momento. Si sentono battute del tipo: "al mio arrivo a casa la distruggo"; "la seconda cosa che faccio quando metto piede dentro casa è posare le valigie".

18 settembre 1999

L'infermeria dell'aeroporto, inizialmente distaccata rispetto alle altre tende, è nuovamente riposizionata all'interno del perimetro del campo. Questo per noi significa lavoro supplementare: già da alcuni giorni trasportiamo materiali e medicinali da una tenda all'altra. In questa nuova collocazione ci sentiamo meno soli, ma per altri versi l'altra sembrava essere un piccolo paradiso.

Nelle tende vuote decidiamo di organizzare la sera stessa una cena. Compriamo dei maialini nel vicino villaggio cattolico, ordiniamo vino, dolci e quando ormai le luci del giorno lasciano il posto all'oscurità della notte, con circa una quarantina di persone, facciamo una cena di quelle memorabili, con falò chitarre e canti. Se non è campeggio questo!

Sono presenti quasi tutti i colleghi con cui ho stretto amicizia: non li ho mai sentiti così vicini. Il clima è molto rilassato, il vino va giù che è una meraviglia e le battute sulla nostra missione, sugli altri, sulla popolazione locale e soprattutto sulle donne assumono un tono pittoresco. E' abbastanza tardi quando andiamo a letto, però sinceramente, la voglia di continuare è ancora tanta. Purtroppo non si possono ignorare i nostri compiti, e la sveglia poi non rispetta nessuno, suona e basta. Una serata che ha sicuramente rigenerato lo spirito di tutti quelli che vi hanno partecipato ed ha cementato ancora di più l'amicizia e lo spirito di corpo.

19 settembre 1999

Oggi è un giorno che attendevamo da molto, e del quale si è parlato tanto con insistenza soprattutto in questi ultimi tempi. Deve avvenire la smilitarizzazione dell'UCK. Non conoscendo i possibili sviluppi di tale evento, sono aumentati i punti di controllo e le postazioni di difesa.

I documenti recanti le modalità della smilitarizzazione vengono firmati a Pristina dalle parti interessate. Da informazioni via breve sembra che tutto sia andato per il verso giusto. La sera infatti, caroselli di macchine festanti, adornate con le bandiere del Kosovo e dell'UCK, circolano a conferma di ciò, e la festa si protrae fino a tarda notte.

Questo è un buon segno, significa che le cose hanno preso il giusto binario e forse questo paese può ritornare nuovamente a sperare.

Scampato il pericolo anche noi brindiamo, ma è solo una scusa in più, perché in ogni modo un brindisi lo facciamo tutte le sere. Non resistendo alla tentazione di una partita a tre sette, organizziamo una giocata, e come avevo previsto – dal momento che ho perso – lo sfottò dei due marpioni non ha trovato confini. Evidentemente dovevano rifarsi della sconfitta patita con "S. Gennaro".

20 settembre 1999

Già da qualche giorno tutti gli sforzi dei ragazzi del ROI sono dedicati alla pista, con turni di lavoro che coprono le 24 ore. Manca poco e l'impresa è quasi realizzata. Sono così galvanizzati che non sembrano soffrire la stanchezza, sempre pieni di polvere, ma sempre sorridenti e soprattutto sempre affiatatissimi tra loro. Quando li vedo tutti insieme, dopo una giornata di lavoro, tutto sembrano tranne che militari. L'immagine che evocano è quella di minatori dopo una dura giornata di lavoro. L'unica differenza è che portano la pistola al fianco: sono meravigliosi.

Tutti ci sentiamo in qualche modo partecipi di ciò che si sta realizzando, chi più chi meno, ma loro, che sono i diretti esecutori dell'impresa, hanno energie supplementari che sembrano inesauribili per andare avanti in qualsiasi condizione di tempo e orario.

21 settembre 1999

Tutta l'organizzazione del distaccamento è ormai rivolta al fatidico giorno dell'atterraggio del primo aereo. Non si parla d'altro, le altre attività sembrano passare in secondo piano.

Mai come in questi giorni ci sentiamo un tutt'uno. L'atmosfera è molto distesa, si ride e si scherza in continuazione. La mente sembra essere sgombra da altri desideri, forse perché la realizzazione della pista e il conseguente atterraggio dell'aereo chiude un ciclo e ne apre un altro, in cui gli scenari saranno sicuramente diversi e diversi anche gli uomini che li vivranno perché il nostro compito sarà terminato.

Nel pomeriggio, con Sparviero, Marco e Dafina, andiamo nella sede dei tedeschi, perché Sparviero deve trovare un pezzo di ricambio per uno dei nostri mezzi. Stare con queste persone è diventato ormai familiare, mi sembra di conoscerle da una vita, e il servizio che stiamo andando a svolgere è più una scampagnata tra amici che altro. Torniamo che è notte. Quando, dopo aver accompagnato a casa Dafina, rientriamo in albergo, la mensa è praticamente chiusa, o meglio sono iniziati già i lavori di pulizia, ma vista la disponibilità dei nostri colleghi addetti a questo servizio, ci prepariamo un pasto veloce.

22-23-24-25 settembre 1999

Da un po' di giorni mi sento sereno, rilassato e non sento più di tanto la mancanza dell'Italia e delle mie cose. Forse è anche per la consapevolezza che il mio periodo di missione è quasi giunto al termine e che tra non molto potrò tornare alla mia vita. Forse sarà l'abitudine a questo tipo di vita, alla fraternizzazione con gli altri colleghi, fatto sta che queste giornate, anche quelle senza scossoni e sempre uguali, in qualche modo fanno parte della mia vita, di questo scorcio di vita che mai dimenticherò.

26-27-28 settembre 1999

"Nulla deve essere lasciato al caso" è la frase che circola in questi giorni. Vengono viste e riviste tutte le procedure, approntati piani d'emergenza, antincendio, sanitario, difesa e quanto altro occorre per un atterraggio. Tutti nel loro piccolo sono partecipi e indispensabili al grande evento, nessuno escluso. Colgo l'occasione per dare una ripulita generale alla mia stanza, di quelle che generalmente vengono definite le grandi pulizie, compreso il lavaggio della moquette con relativa disinfestazione.

Cominciano a circolare molte voci, e una dice che qualcuno di noi lascerà il Kosovo con l'aereo che arriverà per la prova pista. Non è comunque una cosa che mi interessa, visto che nessuno mi ha ancora informato ufficialmente di questa possibilità. Questo, però, fa ben sperare che tra qualche giorno un aereo si alzerà in volo per riportare a casa i pionieri di AMIKO.

29 settembre 1999

Sono passati cinquantadue giorni dal nostro arrivo. Non troveremo questa data nei libri di storia ma sarà impressa per sempre nella nostra mente, nei nostri pensieri. Anche perché credo che nella vita di un uomo la maggior parte dei giorni facciano "cumulo" e siano pochi quelli degni di essere ricordati. Questo è un gran giorno.

E' mattina presto, molti di noi sono già svegli. Abbiamo tutti lo stesso desiderio: arrivare il prima possibile in aeroporto e goderci questa giornata. I ragazzi del ROI sono tutti lì per controllare le ultime cose. Anche noi prendiamo posizione. Alla spicciolata si vede arrivare sempre più gente che pian piano cerca di conquistare le posizioni migliori, da dove è possibile vedere tutto l'atterraggio. Sono presenti anche altre autorità militari; certo siamo stati noi dell'Aeronautica Militare a realizzare tutto questo, ma il riconoscimento e la soddisfazione appartengono a tutte le Forze Armate italiane presenti qui, in territorio kosovaro, e al nostro paese in generale. In queste occasioni ti senti ancora più orgoglioso di essere italiano.

Dal punto di vista meteorologico la giornata è un po' incerta: sono presenti alcuni addensamenti nuvolosi, ma credo faccia parte anche questo dell'"attesa". Infatti, quando sentiamo i rumori delle eliche, come per incanto il sole accende con la sua luce la pista. L'aereo è un G.222 partito da Pisa. Effettua un primo passaggio sulla pista, un secondo, un terzo, sembra quasi che non voglia atterrare, ma non è così, al quarto passaggio lo vediamo volare più basso e più lento; è il momento tanto atteso, ho il fiato sospeso e i brividi sulla pelle. Mi giro in direzione del comandante, alcune lacrime stanno scivolando sul suo viso, torno con lo sguardo verso l'aereo, è quasi a terra, ecco sta toccando, è a terra, comincia la frenata, arriva a fondo pista, gira e torna verso di noi. Grida, applausi e lacrime si alzano nell'aria e sembrano non finire mai.

La mia festa, però, finisce qui. Veniamo chiamati via radio per una possibile medevac. Torniamo in albergo per prendere visione della situazione: si tratta di una bambina di quattro giorni, nata con una malformazione al cuore, attualmente ricoverata presso l'ospedale di Dakovica, che, secondo i sanitari locali necessita di un immediato trasporto all'ospedale di Pristin, dove c'è un più attrezzato centro di pediatria. Veniamo anche a conoscenza che in mattinata nel centro della capitale c'è stato un attentato con un ordigno esplosivo.

Avviamo la procedura per la richiesta dell'elicottero, la quale dà risultati negativi perché i velivoli sono impegnati in altre operazioni, e perché sono stati preventivamente spostati dalle loro piazzole e trasferiti a Pec, nell'eventualità che l'atterraggio del G.222 avesse avuto degli inconvenienti. Si decide, quindi, di effettuare la medevac il giorno successivo.

E' l'ora di pranzo e per l'occasione la nostra cucina ha fatto grandi cose; già da molto è etichettata come il miglior ristorante del Kosovo, e per questo sono molti i soldati di altre Forze Armate che, trovandosi di passaggio nella nostra zona, decidono di fermarsi per pranzo o cena. Ma oggi sembra di essere ad un pranzo di matrimonio, con numerose portate e pre-

libatezze culinarie.

Ho appena finito di pranzare, quando Dafina mi chiama perché fuori dell'albergo c'è il papà della bambina con la malformazione al cuore. Quando mi vede si butta ai miei piedi e, piangendo, mi supplica di portare sua figlia a Pristina.

Non mi sono mai sentito così piccolo. Cerco di spiegare che non ho l'autorità per prendere da solo questa decisione e che non abbiamo elicotteri. Sento il suo strazio penetrarmi dentro le ossa, decido allora di fare un nuovo tentativo con il comandante, questa volta prospettandogli un trasporto con mezzo terrestre. Il suo diniego non mi stupisce più di tanto perché vista l'ora, la distanza e l'esplosione della bomba avvenuta nella mattinata, capisco il suo atteggiamento. Faccio per andarmene, quando gli dico: "Comandante lei ha figli?!" Sento il gelo calare nella stanza, non so quanto tempo sia passato prima che aprisse bocca, a me è sembrato un'eternità; credo però di averlo colpito nel profondo dell'animo, si avvicina verso di me, mi mette una mano sulla spalla e dice: "Scegliti gli uomini migliori e fai attenzione".

Sono le 16.00, alla guida di un Ducato e insieme a tre colleghi, scelti tra i miei amici più fidati, preleviamo la bambina e i genitori dall'ospedale di Dakovica e partiamo alla volta di Pristina. La distanza tra le due città è di circa 180 km. Arriviamo alle 20.00 nei pressi della periferia della città che, in seguito all'attentato, è blindata.

Non conosco l'esatta posizione dell'ospedale giacché le altre volte ci sono arrivato in elicottero. Ad uno dei tanti posti di blocco incontriamo una colonna dell'Esercito. Vista la situazione ci viene data un'ulteriore scorta che ci guida fin dentro il pre-

sidio sanitario civile.

Abbiamo assicurato la bimba alle cure dei sanitari, e dopo gli infiniti ringraziamenti dei genitori, abbiamo fatto ritorno a Dakovica. Sono circa le 24.00. In penombra scorgiamo il comandante, è lì che ci aspetta. In fin dei conti credo che per un comandante ogni soldato sia come un figlio: come prendere sonno quando alcuni di questi figli sono ancora fuori, per le strade di un territorio che lentamente si sta avvicinando alla normalità, ma che ancora non ha del tutto sperimentato un percorso duraturo di pace?

30 settembre 1999

Dopo l'emozionante giornata di ieri, la vita al distaccamento sembra riprendere con molta calma. Si ritorna a fare le solite cose, termino di pranzare e vesto i panni "dell'ortopedo" per la popolazione civile. Questa notte sono anche di ronda dalle 02.00 alle 04.00. Salto completamente il sonno, perché generalmente prima dell'una non vado quasi mai a letto e andarci solo per un'ora non mi sembra il caso. Così passo il tempo in attesa dell'inizio del servizio giocando a carte e chiacchierando. Terminata la ronda finalmente salgo in camera per un meritato riposo.

1-2-3 ottobre 1999

Dopo l'atterraggio del G.222, tutte le mie aspettative rispetto a questa missione sono soddisfatte e credo sia così anche per gli altri. Sono sicuramente appagato e non vedo l'ora di tornare a casa, mi sento come svuotato. Molti colleghi cominciano già a fare i bagagli, perché prossimi alla partenza, tra questi ci sono anche Marco e Mauro. Un pezzo di me se ne va con loro, due colleghi, due amici, due ... tutto, con cui ho condiviso gioie e dolori di questo periodo. Al loro posto sono arrivati Natale e un altro Mauro. Scrivere queste righe non è facile: ho un nodo in gola; del primo gruppo sanitario, composto da quattro persone, sono rimasto il solo, e mentirei a me stesso se dicessi che non è realmente così. La mia partenza dovrebbe avvenire comunque il 5 ottobre, e con la testa sono ormai in Italia, a casa. Penso in continuazione a come sarà il mio ritorno, immagino i gesti, le parole, e questo mi dà ancora un po' di emozione e di eccitazione.

4 ottobre 1999

Seconda giornata di merda. Per concludere la missione mancava la ciliegina. Questa notte i crampi alla pancia mi avvisano che mi sono beccato di nuovo la dissenteria. Solita corsa verso il bagno, a più riprese, e solito intasamento di fogne. Per fortuna questa volta è un pochino più lieve della precedente, quindi non sono costretto a stare a letto. Anche gli altri sembrano soffrire dello stesso problema, tanto che, ci scherziamo su e ci consoliamo pensando alla linea, visto che qualche chilo va sicuramente via. In cucina, poi, non sembrano per niente preoccupati di preparare cibi in bianco, perché nonostante questo problemino mangiamo con tranquillità le stesse cose di sempre. Evidentemente il nostro stomaco è diventato di ferro e in grado di mandar giù di tutto.

5 ottobre 1999

Neanche a dirlo salta la partenza. Per motivi vari, infatti, e in particolare per la coincidenza con un'altra missione in Egitto, slitta la data del nostro rientro. Ora si parla dell'8 ottobre. Il "parti-non parti" mi fa sentire come sospeso nel tempo, precario; con la testa non sono più qua, ma non sono nemmeno in Italia. Nel pomeriggio continuo l'attività ambulatoriale – questa volta insieme a Natale – per la popolazione civile, consapevole anche del fatto che forse saranno le ultime visite e per quanto riguarda questo aspetto spero di aver dato tutto il possibile e di aver messo a disposizione della gente tutta la mia professionalità e soprattutto di lasciare un buon ricordo, il ricordo di un soldato italiano chiamato "l'ortopedo".

6 ottobre 1999

Il mio nickname, per ovvi motivi è "Medevac" e per gli amici più intimi "Medevaccaro". Sono circa le 15.00 quando per radio giunge la richiesta di una medevac. Rispetto alle altre questa assume gli aspetti di un tranquillo volo in elicottero, viste le condizioni non gravi del paziente, un civile kosovaro. Per dovere di cronaca, e di statistica, devo rilevare che, nonostante gli impieghi e il numero di ore lavorative, l'unico "intervento" degno di nota verso un nostro militare, durante questi primi mesi di missione, è stato di tre punti di sutura sulla regione cranica.

Finalmente riesco a godermi il panorama del Kosovo dall'alto. Al ritorno da Pristina scatto anche qualche foto, e ho modo di notare i numerosi villaggi distrutti e le famigerate fosse comuni che dalle strade non sono visibili, perché generalmente si trovano nell'entroterra o comunque in territori che non sono di nostra competenza.

Dopo aver fatto la dovuta relazione sull'intervento, vado a cena e, nonostante lo scarso rilievo dell'operazione – per fortuna – per le condizioni del paziente, sono molti i colleghi che chiedono informazioni, visto che le altre volte ci siamo alzati in volo sempre per qualcosa di grave.

Anche questa notte sono di ronda, l'orario però è il migliore: dalle 24.00 alle 02.00.

Smarcare un servizio in quest'orario è un privilegio da

veterani del Kosovo, perché la mattina successiva si ha diritto al riposo e quindi si può dormire più del dovuto. Le matricole ovviamente non hanno nulla da obiettare, anche perché sanno perfettamente che, dopo la nostra partenza, diverranno loro i più anziani, con possibilità anche di scegliere l'orario di servizio.

7 ottobre 1999

Già da qualche tempo l'Esercito, anche con la nostra collaborazione, sta ristrutturando il parco della città di Dakovica con i fondi della "Missione Arcobaleno". Per l'occasione oggi si svolge una partita di calcio tra i militari italiani e gli ex combattenti dell'UCK: vincono loro per 3 a 1.

Salta nuovamente la partenza. Questa volta si parla del 12 ottobre, ma questa eventualità, come la precedente, era già nell'aria. Di solito, quando cominciano a circolare le voci, si può star certi che alla fine quella cosa si verifica nei termini in cui è stata messa in giro in via ufficiosa. Sono incazzato? No, di più. Ma non perché voglia andare via o perché non sia in grado di resistere ancora un po', ma perché questo tira e molla psicologicamente mi altera l'umore, mi fa sentire nervoso, preferisco sapere di partire tra venti giorni, ma che quel giorno però sia certo. D'altro canto capisco anche le difficoltà di chi deve pianificare una cosa simile. Questi sono i primi cambi numericamente importanti ed in questo l'organizzazione si trova alle prime armi. Speriamo comunque che il 12 sia la volta buona.

8 ottobre 1999

Assorbita la nuova delusione della mancata partenza, oggi è prevista una serie di manifestazioni, tra cui la consegna del parco alla città. Per l'occasione viene organizzato un concerto in piazza e si esibiscono sia i nostri militari sia gruppi locali.

Per la prima volta da quando siamo in Kosovo ci è concessa l'uscita serale e la libertà di circolare nella piazza dove si sta svolgendo la manifestazione musicale. Nonostante la serata sia una delle più fredde da quando mi trovo qui, la sensazione è bellissima. Siamo mischiati alla popolazione locale, comunque riconoscibilissimi per via della mimetica ma, in ogni modo, finalmente liberi di fare quattro passi.

E' il segnale che qualcosa sta finalmente cambiando. Vado via, consapevole di lasciare un Kosovo sicuramente diverso da quello trovato due mesi fa.

Incontro molte persone che in questo periodo hanno "frequentato" il nostro ambulatorio, e tutti mi salutano sorridendo, chi con la mano alzata, chi chiamandomi: "Ciao ortopedo". Non pensavo di essere così popolare e la cosa mi gratifica molto. Evidentemente il mio operato e quello degli altri colleghi non è stato vano e ha lasciato un piccolo segno del nostro passaggio in questa terra.

Dopo un po' torno sul terrazzo dell'albergo per godermi l'ultima parte dello spettacolo da una visuale migliore, anche perché il vento, che nel frattempo si è alzato, è abbastanza penetrante, e il nostro abbigliamento estivo non è adatto alle attuali temperature autunnali di questa regione.

9-10 ottobre 1999

Cerco conferme sulla data di partenza, ma nessuno sembra potermi dire quello che voglio sentire: "sì parti il 12". Questa situazione è snervante. Le ore non passano più, non so come abbiano fatto, ma hanno fermato il tempo. Non ho voglia di fare niente, neanche di scrivere questo diario. Se qualche giorno fa mi sentivo svuotato, adesso sto toccando il fondo del barile, anzi lo sto raschiando.

11 ottobre 1999

Il mio Kosovo è terminato. Tra voci di corridoio, smentite e conferme questa sembra la volta buona, domani parto. Voglia di scrivere? Zero, voglia di qualcosa d'altro? Zero, solo tanta voglia di preparare gli zaini.

E' sera quando tiriamo fuori le bottiglie conservate per l'occasione; vengono stappate tutte e tutte bevute. Nessuno di noi sembra aver voglia di andare a letto e, infatti, tiriamo quasi fino all'alba.

12 ottobre 1999

Indosso la mimetica migliore, adornata per l'occasione con i distintivi della KFOR, scendo le scale con gli zaini, consapevole che non le risalirò mai più. Comincio a salutare più gente possibile, per evitare di farlo all'ultimo momento e di dimenticare qualcuno.

Ricordo il 5 agosto come un grande giorno, denso di forti emozioni difficili da descrivere; quello che sto vivendo adesso non riesco a rappresentarlo neanche dentro di me, figuriamoci descriverlo. E' il momento: carichiamo gli zaini. Baci e abbracci con i colleghi con cui ho stretto un rapporto di vera amicizia. Sento un nodo in gola che quasi mi blocca il respiro.

Dafina mi ha regalato una bandiera del Kosovo e che faccio firmare dalla maggior parte dei colleghi. Oltre alla firma, chiedo di inserire anche il nike-name, perché molti li conosco più in quel modo che con il loro vero nome.

Uscito dall'albergo salgo sul pulmino, e mi volto indietro un'ultima volta. Non riesco a trattenere le lacrime. Nel mio immaginario questo giorno era carico di emozioni, e così è.

Questi giorni trascorsi mi hanno fatto sentire come un aliante senza cloche. Mi sono sfogliato come un libro, una pagina dopo l'altra. Il Kosovo mi ha dato l'opportunità di guardarmi dentro e di scoprire le zone più oscure e più inconsce di me, mai esplorate prima, rivelandomi ciò che era nascosto, ma anche l'opposto, cioè l'ovvio.

Il viaggio verso Pristina è lungo e per la prima parte totalmente silenzioso. La giornata è calda ed il sole, assente negli ultimi giorni, sembra oggi volerci ringraziare per quanto fatto in questa terra.

In aeroporto consegno la pistola. Il mio aereo sta atterrando, scendono i nostri sostituti, ci incrociamo lungo i corridoi, ci salutiamo con il braccio alzato e, da parte nostra, un "in bocca al lupo".

Salgo sul G.222, sono molto silenzioso, durante il viaggio provo a chiudere gli occhi per schiacciare un pisolino, non ci riesco perché le immagini di questo scorcio di vita affollano già i miei ricordi. Siamo prossimi all'atterraggio, provo una sensazione strana, forse simile a quella provata quando sono partito.

Ad attenderci c'è un nostro collega, preventivamente avvisato del nostro arrivo, che si è offerto di fare il taxista. Quando ci immergiamo nel traffico di Roma sono circa le 17.00. La mia missione è davvero terminata.

Addio Kosovo, questa sera cercherò di dimenticare il colore rosso sangue della tua terra, abbracciando la mia donna, la cui importanza tu mi hai fatto scoprire e apprezzare. Addio.

Finito di stampare nel marzo 2002
presso Litograf s.r.l. – zona industriale Ponte Rio – 06059 Todi (PG) Tel. 075 8987093